Konstanze Moos

Genug da

Konstanze Moos

Genug da

travel. eat. enjoy.

Bloggingbooks

Impressum / Imprint
Bibliografische Information der Deutschen Nationalbibliothek: Die Deutsche Nationalbibliothek verzeichnet diese Publikation in der Deutschen Nationalbibliografie; detaillierte bibliografische Daten sind im Internet über http://dnb.d-nb.de abrufbar.

Bibliographic information published by the Deutsche Nationalbibliothek: The Deutsche Nationalbibliothek lists this publication in the Deutsche Nationalbibliografie; detailed bibliographic data are available in the Internet at http://dnb.d-nb.de.

Coverbild / Cover image: www.ingimage.com

Verlag / Publisher:
Bloggingbooks
ist ein Imprint der / is a trademark of
AV Akademikerverlag GmbH & Co. KG
Heinrich-Böcking-Str. 6-8, 66121 Saarbrücken, Deutschland / Germany
Email: info@bloggingbooks.de

Herstellung: siehe letzte Seite /
Printed at: see last page
ISBN: 978-3-8417-7136-0

Inhaltsverzeichnis

● Auf ein Wort zuvor

Was heißt hier „genugda“?

genugda, so habe ich mein Blog getauft, weil ich mit dem großartigen Gefühl aufwachsen durfte, es ist genug da. Das ist nicht materiell gemeint. Vor allem genug Liebe, genug Nahrung, genug Vertrauen, genug Offenheit, genug Neugier. Im Laufe des Lebens musste ich sehen, das es global oft verdammt ungerecht verteilt ist, dieses genug, was da ist.

genugda, das ist Urvertrauen. Vertrauen, auf das was kommt, darauf, dass es schon gut werden wird und dass man sich nicht sorgen muss um Dinge, die noch nicht einmal begonnen haben.

genugda, das ist ein Gefühl von, ich muss nicht allem hinterher hetzen, ich muss nicht alles selbst besitzen. Ich muss nicht alles in mich hinein essen. Das Gefühl „es ist genug da“, nimmt allen Stress, lässt Zeit zu genießen, zu schauen und immer öfter auch Zeit, zu sich zu kommen.
So gesehen ist genugda mein ganz persönliches Mantra.

Wofür dieses Blog?

Das Blog startet irgendwann im Oktober 2008. Als ehemalige Ernährungsberaterin, als Gern-Essende und -Reisende geht es eben genau darum: ums Essen, um überflüssige Ernährungstrends, um die unersättliche Neugier auf andere Menschen, Länder, Berufe, Produkte, Gerichte und Gedanken.

Ab Juni 2011 ging es dann auf Weltreise und eigentlich sind wir da immer noch. Nein, das war keine Erfüllung eines lang gehegten Wunschtraumes. Es war nicht die Sehnsucht nach der großen weiten Welt. Kein plötzlicher Reichtum. Die Idee kam auf, reifte heran, begeisterte und wurde Wirklichkeit. Von der Idee bis zur Ausführung dauerte es sechs Monate. Ich glaube, es war wirklich einfach nur Neugier.

Das ist doch ein dickes Ding, oder?

Zufall oder Zeichen, es passte jedenfalls. Als mich der Anstoß traf, mein genugda Blog als Buch zu veröffentlichen, war der letzte Artikel gerade: „Jackfrucht, süße Stachelmonster aus der Urzeit“ und im allerersten Artikel heißt es: „Der große Kürbis!“ Also alles wohlig eingerahmt zwischen den beiden weltgrößten Gemüsesorten.

Der große Kürbis

Huibuuuh! Passend zu Halloween habe ich eine Kürbissuppe gekocht und gegessen! Gääähn! Nein, nein, halt, ist gar nicht langweilig! Zum verlieben, versprochen! Ich weiß nicht, wie viele Kürbissuppen ich schon gekocht habe. Ganz viele, bestimmt. Immer variiert, meistens lecker, mal mit Mango, mit Möhrchen, mal mit Kartoffeln oder ohne, mal mit Orange, mit Ingwer, gerne mit Sahne, geschlagen, ungeschlagen, mit aufgeschäumter Milch, Kürbiskernöl, mit gerösteten Kürbiskernen und auch mal mit nichts weiter, wie heute. Ich war halt so hin und weg, dass ich gar nicht auf die Idee kam noch irgendetwas daran zu verbessern. „Jetzt nur nicht ablenken vom guten Geschmack!“ dachte ich mir.

Es war ein wunderschöner Bio-Buttercup-Kürbis. Gerade zur rechten Zeit geerntet, gekauft und verarbeitet. Eine Zwiebel in Olivenöl und Butter andünsten, den Kürbis gewürfelt hinein, ebenso zwei daumengroße, geschälte Ingwerstücke. Mit dem Saft einer halben Orange ablöschen, 1 TL Honig dazu geben. Ungefähr einen halben Liter Brühe hinein und den Kürbis darin weich kochen. Pürieren (VORHER die beiden Ingwerstückchen heraus fischen!) und mit Augenmaß Milch hinzugeben, sowie noch etwas Brühe. Die Konsistenz sollte nicht zu breiig sein, allerdings, wenn Ihr das mögt… Eine kleine Prise Meersalz und fertig war das kleine Wunderwerk. Huibuuuh!

PS: Ich kann nicht „der große Kürbis“ sagen, ohne an Linus aus den Peanuts von Charles M. Schulz zu denken. – Ok, das war in den 60ern!

Sonntagsfrühstück

Ist das bei Euch allen so? Bei den meisten? Och, nur noch bei einigen? Ich meine, dieses typische Sonntagsfrühstück, mit den drei Pflicht-Komponenten:

1. es findet spät statt, zumindest später im Vergleich zu den Frühstückszeiten in der Woche

2. es gibt Eier, in Form von Rührei, weichgekochtem Ei, wachsweichgekochtem Ei oder Spiegelei

3. es dauert länger, zumindest länger im Vergleich mit einem Frühstück an einem gewöhnlichen Tag in der Woche

Vorab, alle drei Komponenten treffen auf mich zu. Ich genieße es: Ein wachswarmweiches Eigelb und froh sein darüber, dass mein Gegenüber das Ei nicht mit dem Messer köpft.

Also kein hartes krrrrrtsch krrrtsch, das Geräusch ist zu gruselig! Brötchenkrümel sammeln sich auf der dicken Wochenendausgabe der Zeitung an, leichte Marmeladenspuren auf der Butter (komisch, Spuren von Leberwurst finde ich nicht so romantisch), Käsesorten zur freien Auswahl und die schwarze Johannisbeermarmelade von Muttern, genau so gemacht, wie es besser nicht geht!

Etwas später dann, die zweite Kanne Kaffee ist aufgesetzt, ein angenehmes Völlegefühl und die Gewissheit, noch den halben Tag zur freien Gestaltung vor mir zu haben, das nenne ich einen perfekten Start in den Sonntag!

- **Lecker Resteessen**

Ein klassisches Resteessen, das ist einfach und schnell zubereitet. Meistens landen die Reste in der Pfanne, oft werden sie mit Eiern aufgepeppt und fast immer sind sie einen Tick fettiger als das Original.

Grundlage sind die übriggebliebenen Beilagen: Kartoffeln, Nudeln, Reis, Klöße oder Polenta. Alles bestens geeignet für die kreative Zubereitung in der Pfanne. Beseelt von unendlicher Toleranz nehmen sie so ziemlich alles auf und an, was man ihnen mit in die Pfanne gibt.

„Wofür sie besonders schwärmt, wenn er wieder aufgewärmt." Kennt Ihr? Tja, die gute alte Witwe Bolte mit ihrem Sauerkohl. Dabei schmeckt Sauerkraut, zu Tode gekocht, einfach nur zum abgewöhnen und von den Nährstoffen ist es ebenfalls erfolgreich befreit. Daher: auch Kohlgerichte nie länger als zwanzig Minuten kochen!

Oft behauptet, doch dadurch nicht schmackhafter: „Gemüseeintöpfe schmecken mit jedem Aufwärmen besser.", das heißt also, je zerkochter das arme Gemüse desto lecker? Totkochen mag beim Hummer vonnöten sein, doch Grünkohl und Co mögen es da eher dezent und meine Geschmacksnerven auch. Gemüse ist also eher kein geeignetes Resteessen.

Dann gibt es noch das hartnäckige Küchengerücht, welches einem bei jedem Wiederaufwärmen von Pilzen und Spinat die Atemfrequenz erhöht: darf ich – oder besser nicht? Giftig oder nur so ein bisschen schädlich?
Macht nur! Was nicht so günstig ist, das ist längeres Warmhalten oder zu langes Herumstehen bei Zimmertemperatur.

Denn das mögen wiederum die Bakterien gerne, die das Nitrat im Spinat so besser in das ungünstige Nitrit umwandeln können. Das ist dann, genau wie eine vermehrte Bakterienkultur in einem Pilzgericht, eher ungünstig für die Gesundheit. Also heißt die Devise, besonders im Umgang mit Pilz- und Spinatgerichten, fix abkühlen, kühl aufbewahren und vor dem Verzehr wieder einmal über 70 Grad erhitzen.

Weiter (k)östlich

Fischland-Darß-Zingst im November 2008 oder Butterfisch und Silbermond:

Eiweißreich war es. Regelrecht fischig, kann man sagen. Zwei Tage mit dem Liebsten auf der wunderschönen Halbinsel Fischland-Darß-Zingst.

Butterfisch kannte ich nicht. Gedünstet und mit einer Safransoße (Safranmenge war genau richtig) serviert, das war lecker, lecker, lecker! In loser Folge wanderten in diesen Tagen noch Räucherlachs, gegrillter Lachs, Dill-Heringshappen und Seelachs in einer Roquefortkäsesoße in mein Inneres. Hab ich alles gegessen in der kurzen Zeit.
Glanzpunkt auf der Zunge war jedoch zweifellos die einfache Fischsuppe in einem gutbürgerlichen Gasthaus. Da stimmte alles, guter Fond, sehr gute Einlage. Mit dabei: ein schwarzer Bitter. Nett war´s, es gab Anekdötchen und Likörchen...

Verankert in Geist und Gefühl bleibt die Vollmondnacht, das silbrig glitzernde Meer, die Spaziergänge am sonnigen, langen, weißen Sandstrand, vorbei an knorzigen Bäumen und durch die Boddenlandschaft. Vereinzelt noch trotziges, buntes Laub an den Ästen, alles vor kitschig blauem Himmel! Seeluft, die jeden Atemzug zur Kur-Anwendung macht. So war mein kleiner Novemberurlaub in Meck-Pom. So sacht man hier in Hamburg zu Mecklenburg Vorpommern. Muss man auch, wäre ansonsten, wenn man ein paar Mal hinfährt, was recht naheliegend ist, einfach zu lang.

Ach und falls es noch interessiert, heute gibt es bei uns Penne all' arrabbiata. Mein Körper sehnt sich jetzt nach einer gehörigen Portion Kohlenhydrate.

Gurkensache

Letzte Woche stand ja ganz im Zeichen der krummen Gurke, in vielen Gazetten sah man sie grün und groß auf den Titelseiten. Gar nicht mal sauer und völlig außerhalb gleichnamiger Gurkenzeit. Aber egal, mich freut es, dass Gemüse wieder wachsen darf wie es will!

Wird schwer genug sein, die Früchtchen von hops auf gleich, zurück auf krumm und klein zu züchten. Diese EG-, ich nenne sie mal, -Lockerungsverordnung für Obst und Gemüse betrifft natürlich noch weit mehr Grünzeug. Unter anderem dürfen sich auch Möhren wieder schief und knubbelig verwurzeln. Hier ein Äpfelchen für zwischendurch, dort Melonen, die man bequem tragen kann und Blumenkohl für den Singlehaushalt, all das ist wieder möglich mit der neuen Verordnung! Da freuen wir uns!

Apropos freuen, ich kann es mir bei diesem Gurkenthema einfach nicht verkneifen. Für die eifrigen Titanic-Leser aus dem letzten Jahrhundert, sag ich nur: Zonengaby. Das Poster bekäme mit einer kleinen, krummen Gurke auch wieder ganz neuen Charme, oder?

- **Voll im Stress**

Was wären wir ohne diese goldigen Zwischendurch-Studien? Sie tauchen meist als Vierzeiler in der Tagespresse oder als größerer Aufmacher inklusive Beispieldrama aus dem Real Life, mit Bildserie, in einer Illustrierten auf.

Nebulös, wer, wem, warum den Auftrag zu dieser Studie gab, obwohl dies eine der wichtigsten Angaben wäre. Meistens auch keine Angaben darüber, wer und wie viele in welchem Zeitraum befragt wurden. Es haftet diesen Studien immer so eine gewisse Beliebigkeit an. Gerade deshalb haben sie einen brauchbaren Unterhaltungswert, denn sie lassen Raum für eigenen Gedanken und Interpretationen.

Da hieß es in den letzten Tagen zum Beispiel, dass die meisten deutschen Berufstätigen sich gerade einmal 20 Minuten Zeit für die Mittagspause nehmen. Zwei Drittel holen sich ihren Stoff im Imbiss oder beim Bäcker. Jeder Vierte verzichtet ganz aufs Essen.
Was schließen wir daraus? Wir Deutsche reiben uns auf für unseren Beruf. Wir haben keine Zeit für solche Nebensächlichkeiten wie Essen! Dabei fallen Jagd, Ernte und Zubereitung als Zeitfaktor heutzutage meistens schon weg.
Doch wie wäre es da mit einer flotten Gegenstudie? Wie viele der Probanden, überleben wie lange, wenn sie ihr Essen selbst anbauen, jagen und vor allem, wenn sie es noch selbst zubereiten müssten? Könnte klappen? Ok, doch daraus ergäbe sich ein massiver Zeitverlust zulasten der Arbeit.
Also jetzt mal lösungsorientiert gedacht, geniale Idee: man setzt sich selbst oder seine Mitarbeiter an einen Tropf mit der optimalen Nährlösung. So vergeudet man keine Zeit mehr mit dem Essen und alle bekommen die nötigen Nährstoffe verpasst, ohne Diskussion, ohne Zeitaufwand.

Gelegentlich kann sogar mit kleinen Zusatzstoffen hier und da bequem nachgeholfen werden, bei auftauchender Müdigkeit oder Aggressionen zum Beispiel. Das nenne ich doch mal Convenience-Food!

Aber da geht jetzt die Phantasie mit mir durch. Ist eben zu viel Spielraum bei diesen Studien.

Ode an die Rote Bete

Meine Beziehung zur Roten Bete geht über ein gutes, normales, kulinarisches Empfinden hinaus. Eindeutig.

Die Saat säte mitten in den Achtzigern, Tom Robbins mit seinem hinreißenden Roman „PanAroma“. Das war damals wohl eher eine intellektuelle, spirituelle Bewunderung, verbunden mit einem unersättlichen Lebenshunger. Ich glaube mich erinnern zu können, dass ich mir daraufhin damals das erste Mal richtige Rote Bete kaufte. Die ganz natürlichen Knollen, nicht vorgekocht oder aus dem Glas. Ich wollte echte Rote Bete sehen, anfassen und vor allem, riechen!

Jahre vergingen und die Rübe spielte nur noch eine recht untergeordnete Rolle in meinem Leben. Wenn, dann meist in Scheibenform aus Omis Einmachgläsern oder in geriffelten Scheiben aus dem Kühne-Regal.

Aber, seit einigen Jahren, rückt sie bei mir wieder mehr in den Vordergrund. Zwar eher küchenpragmatisch, aber ein Hauch von Sinnlichkeit ist dabei.

Hocherfreut war ich, als ich das Kapitel über Rote Bete in Edward Espe Browns „Das Lächeln der Radieschen“ las. Es war eine Wonne, diese Zeilen zu lesen! „Eines der Nahrungsmittel, die mir beistehen, ist die rote Bete.“ heißt es da gleich zu Beginn des Kapitels. Schon hatte ich ein wohliges Gefühl. Da schreibt einer, der dieses Gemüse mit seiner Seele versteht!

Noch am gleichen Tag probierte ich eines seiner Rezepte. Rote Bete mit Cranberries. Ja, so schmecken sie auch, die blutroten Erdrüben. Sein Rezept habe ich ein wenig an meinen Geschmack angepasst. Statt getrockneter Tomaten habe ich Orangensaft dazugegeben. Am besten diese Zusammenstellungen einmal selbst ausprobieren.

Hier noch ein Haiku*, entstanden, eine Stunde nach dem Genuss von Rote Bete:

Rote erdig feucht

Dunkel, blutig, beruhigend

Nährt stille Schönheit

*japanische Gedichtform im Silbenrhythmus 5-7-5

Nein, es gibt keine dummen Fragen

... nun, so sagt man, jedenfalls.

Klar, dass wir bei solch einem unüberschaubaren Angebot an Wissen selbst etwas mehr Einsatz bringen müssen, um die Spreu von Weizen zu trennen.

Das ist nicht leicht, manchmal zeitaufwändig und regelrecht mühselig.

Aber hilft ja nix, wenn man nicht jeden Mist glauben, kaufen und mitmachen will, so muss man schon etwas Zeit investieren. Ein klarer, kritischer Verstand ist da sehr hilfreich. Die Zeit dafür haben wir ja schon eingespart, weil alles so schnell verfügbar ist.

... autsch, jetzt habe ich mich voll verquasselt, denn eigentlich wollte ich hier nur ein paar lustige Fragen notieren. Einfach so, weil sie mich beim Lesen amüsiert haben und weil ich mich beim Lesen fragte, warum fragen die so was?

Es heißt ja schließlich immer, es gibt keine dummen Fragen. Na - gut. Aber bitte, grinst selbst. Nachfolgend ein paar extra schöne Ernährungsfragen an Experten in verschiedenen Foren. Ich habe sie hier mal unverändert zitiert:

- Darf man Kaffee vom Vortag (lauwarm aus der Thermoskanne) noch trinken oder ist das ungesund?
- Wie lebt man gesund?
- Welches Stück vom Wildschwein ist für Einsteiger geeignet?
- Wie viel Mal am Tag esst ihr? Und welche Zeit etwa?
- Habe das erste Mal Quark gekauft und muss das essen. Aber wie?
- Wann nimmt man endlich ab???
- Was mögen Zwergkugelfische?
- Wie viele Kalorien haben zwei durchschnittlich große Waffeln?
- Wozu gibt es Buchstabensuppen?
- Woher kommt es, dass ich meine Zeit mit Internet verplempere?
- Wie nehme ich am schnellsten 60 kg ab?
- Hatte gestern Yoga und jetzt zuckt meine rechte Hand?
- Sollte die Prohibition in Deutschland eingeführt werden?
- Kann man auch süchtig nach Obst bzw. Gemüse Sorten werden?
- Schmecken Kartoffelpuffer aus der Tiefkühltruhe?
- Gibt es ein Rezept für Gurkenkuchen?
- Kann man Ponyfleisch essen?
- Wenn ich abnehmen will, was muss ich dann essen?
- Schmeckt Sojamilch sehr viel anders als normale Kuhmilch?
- Welche Heuschrecken kann man essen?
- Wie viel Kalorien hat ein Blatt Papier?
- Was ist Gyros für ein Fleisch?

Wer so etwas fragt? Sie nennen sich pupsi1 und faultier13, strullerpuppe, fabien, sarah, gummidrachen, gigagurke, heinzpeter, kapstadt und ernstfiesel, usw.

Natürlich werden dort auch jede Menge ernsthafte Fragen gestellt. Doch, wer mag da schon die Grenze ziehen? Ich tu es manchmal, aber nur für mich, zum Spaß.

- **Wachsweich gekochte Eier**

Einige Artikel zuvor ging es hier um das Sonntagsfrühstück. Klar, dass ich darin auch das klassische Frühstücksei erwähnt habe. Nun habe ich beobachtet, dass mir das Schlagwort „weichgekochtes Ei“ unendlich viele Besucher auf mein Blog bescherte. Was haben sie gesucht? Das weichgekochte Ei an sich? Wohl kaum! – Vielleicht das ultimative Rezept für ein total und totsicher weichgekochtes Sonntagsfrühstücksei? So wird´s wohl sein.

Vielleicht können ja meine Lebenserfahrungen etwas Konstruktives zu diesem Thema beitragen. Auch mir gelingt es erst seit ungefähr fünf Jahren verlässlich wachsweichgekochte Eier zu kochen. Es ist wirklich nicht leicht, das Eiweiß hart und das Eigelb wachsweich, das heißt außen soeben angehärtet und innen flüssig zerlaufend, hinzubekommen.

Der erste Schritt zum Durchbruch auf meinem Weg zur perfekten Eierkocherin war, meinen elektronischen Eierkocher zu entsorgen.
Aber der Reihe nach. Zuerst war ich nur eine mäßige, eher nachlässige Eierkocherin. Im Laufe der Zeit, ich hatte so ca. zwei bis drei Generationen Eierkocher im Gebrauch, habe ich festgestellt, dass es damit nicht zuverlässig klappt. Versiert im Umgang mit diesen elektronischen Helfern habe ich natürlich versucht, die vorgegebene Wassermenge, durch minimalstes Über- oder Unterschreiten, der jeweiligen Eiergröße genau anzupassen. Doch oft genug wurden es trotzdem einfach nur Überraschungseier. Als ich dann irgendwann genervt den Eierkocher in den E-Müll schmiss, war ich wieder ganz auf mich allein gestellt.

Ein kleiner Emaille-Topf, etwas Wasser, eine sekundengenaue Uhr, die Eier und ich. Das war von nun an das sonntägliche Gewinner-Team! Nicht sofort, aber schon bald. Das Geheimnis?

Eine perfekte Schule sind Eier, direkt vom guten Hühnerhalter. Eier, wie gelegt. Nix mit, sortiert nach Größe S, M, oder L! Keine künstliche Tagesverlängerung und ähnliche unlautere Mittel! Sind die Hühner-Damen jung, ist es kalt draußen oder stört sie ein kreisender Habicht in ihrer Legeruhe, sind die Eier eben klein. Passen Klima, Alter und Laune, so gibt es auch mal ein XXL-Ei.

Durch diese Wechsel-Größen bekommt man Übung und ein genaues Gespür dafür, wie lange sie kochen müssen. Manchmal gebe ich z.B. vier unterschiedlich große Eier zu vier unterschiedlichen Zeiten in das kochende Wasser. So kann ich, nach Ablauf von sechs Minuten, die ein mittelgroßes Ei benötigt, alle Eier im absolut gleichen, wachsweichen Zustand servieren. Ob das immer klappt? Ja, schon, aber nur, wenn ich die ganze Zeit auch bei den Eiern bleibe. Ich verlasse die Küche nicht, nehme keine Telefonate entgegen und bin mit meiner Aufmerksamkeit ganz bei den Eiern. Sind wir das den Hühnern nicht sowieso schuldig?

- **genugda is(s)t im Sternenhimmel**

genugda isst ...

... mal auf Gourmet Niveau!

Auswärts essen, nicht selber kochen, das ist fein! Da gibt es in meiner Umgebung so drei bis vier Adressen, wo ich, je nach Lust und Gelegenheit weiß, dass mich ordentliche Qualität und guter Service erwarten, dazu ein passendes Ambiente und stimmige Preise.

Doch ab und zu, da fühle ich mich plötzlich und aus heiterem (Sternen)Himmel berufen, einmal etwas hoch Anspruchsvolles zu kosten (geht gleich aufs Vokabular). Mal auf Gourmet Niveau essen. Für mich eine Region, in der ich nicht zu Hause bin, schon von Haus aus. Bin daher eher ein Freund der einfachen, frischen Küche, mit ehrlichen Zutaten und vor allem auch guten Portionen. So die Richtung: Pellkartoffel mit Butter, Meersalz und im Juni einen frischen Mathes dazu. Oh, darauf hebe ich ab, die Zunge tanzt, der Gaumen tost!

Meine bisherigen Ausflüge in die gehobene Gastronomie kann ich an beiden Händen abzählen. Selten fühlte ich mich dort richtig wohl und gut aufgehoben. Nur selten konnte mich der Geschmack der Gerichte über die sparsame Portionierung und die angespannte Atmosphäre hinwegtrösten.

Doch gestern hat mal alles gestimmt, ich sage nur: Genuss und Elbblick!

Es war hochpreisig, doch das muss wohl so sein. Das Personal war professionell und trotzdem unangestrengt! Was es zu essen gab war kreativ, doch nicht so gezwungen und bemüht extravagant. Eine Geschmacksexplosion jagte die andere, von der auf-den-Punkt-Languste, über die bretonische Scholle, bis hin zum Kokos-Eis, großes Küchenkino!

Gewagte Weihnachtsworte

Wieder bekommen wir es auf den Frühstücktisch gelegt. Auch noch so kurz vor Weihnachten, wie passend! Eine Pressemeldung über den Ernährungsbericht der DGE (Deutsche Gesellschaft für Ernährung): die Deutschen essen zu viel, zu süß, zu fett, zu salzig!

Das scheint ja auch kaum einer zu kapieren. Einfach mehr Gemüse, mehr Obst essen, auf gute Fette achten, weniger Fleisch, weniger Industriezucker und Fertigzeugs, das kann doch nicht so schwer sein, oder? Das pfeift inzwischen, der letzte Vogel Spatz von den Dächern.

Brauchen wir, neben Ampeln, auch Stoppschilder auf Gummibärchen- und Chips-Tüten: „Stopp! Der Verzehr führt zu Diabetes, Bluthochdruck, etc.?“ Oder Gruselbilder auf den Fleischpackungen „erst gekillt, dann gegrillt, warte nur balde ...!“ Würde sowas helfen?

Ich wette, da können im Fernsehen noch tausend Foodcoaches, bei dreitausend übergewichtigen Familien zur Abschreckung die Küche mit Fett und Zucker tapezieren! Da wird nix draus! Solange wir an den Symptomen herum kratzen, freuen sich auf jeden Fall die Hersteller von Light-Produkten, Diätwunderpillen und die Presse reibt sich ihre Blätter daran.

Dabei liegt doch die Ursache auf der Hand. Also noch einmal: zu viel, zu süß, zu salzig, zu fettig, das scheint ein zivilisatorischer Aufschrei! Ein Schrei nach Liebe, nach Sinnerfüllung, nach Sicherheit, Geborgenheit, nach gebraucht und beachtet werden! Nur ein in diesem Sinne halbwegs gefestigter Mensch hat heute noch eine reelle Chance sich angemessen durchs Leben zu essen.

Ach ja, das hier sollten doch ein paar Worte zum nahenden Weihnachtsfest werden. Dann krieg ich jetzt mal die Kurve: Lasst uns doch einfach gegenseitig alle helfen, uns gesünder zu ernähren!

Wie? Ist doch ganz simpel! Verschenke Liebe, Zeit und Aufmerksamkeit, verschwenderisch, wahllos, nur nicht knausern, keine Angst, es kommt zurück! Aber bitte: natürlich nicht nur zur Weihnachtszeit! Weniger Strenge, mehr Toleranz und lieber mal ein Lächeln zu viel!

Und, da wir ja immer noch beim Thema Essen sind, nicht vergessen, jetzt ist gerade die richtige Zeit, mit Genuss zu schlemmen, auch ruhig etwas mehr als nötig, schließlich ist es Winter, überall begegnen wir den Gaumenfreuden! Gib Dich also genüsslich diesen Genüssen hin! Am besten mit Aufmerksamkeit und Dankbarkeit!

Adult-Muffins für Kuchenmuffel

Ein regelrechter Kuchenmuffel bin ich. Was die meisten in Ekstase versetzt, kann mich nicht von meinem Käsebrot trennen. Torten, Kuchen, Kekse, Desserts und Co akzeptiere ich gnädig, nicht weniger aber auch nicht mehr. Doch in diesen Zeiten, in denen es erlaubt ist, geradezu Trend ist, die Schokolade auch wieder mit Kakao herzustellen, da schmecke ich auf. Plötzlich sind die Regale gefüllt mit hochklassigen und hochprozentigen Schokoladen und man besinnt sich auf die alten Werte der Kakaobohne zurück. Sie nimmt ihren prominenten Platz in der Schokolade ein und verdrängt erfolgreich Zucker und Milch auf ihre Nebenschauplätze. So richtig entflammt, im wahrsten Wortsinne, bin ich durch die Beimischung von Chili in die Schokolade! Von wegen neumodischer Kram, schon die Azteken schätzten diese explosive Mischung von Kakao und Chili. Da bin ich doch mit dabei! Flugs habe ich ein allgemein gültiges Schokomuffin-Rezept etwas abgewandelt, mit zerhackten, getrockneten Chilischoten versetzt und statt Milch, gleich einen kräftigen, trockenen Rotwein genommen und beste, hochprozentige Schokolade.

Bestimmt bin ich nicht die Erste, aber ich bin begeistert!

Kauf Dir doch ´ne Kuh

So wird bald die Empfehlung lauten, wenn jemand nach einem Glas frischer Milch verlangt. Es ist mir ein dringendes Bedürfnis zur derzeitigen Milchdiskussion auch meinen Rahm hinzuzugeben. Wieder ist ein halbwegs natürliches Produkt vom Aussterben bedroht.

Es gibt immer weniger „Lebens“mittel. Das sind für mich Produkte ohne Zutatenliste. Produkte an denen keiner irgendetwas „verbessert“ oder für uns „sicherer“ gemacht hat.

Man packt uns ungeniert Acrylamid in die Tüte, streicht uns gehärtete Fette aufs Brot, aber warnt uns vor unreinen Rohmilchprodukten. Auch vor der guten Butter wird gewarnt und das Ei steht auf dem Index als gefährliche Cholesterinbombe an deren ungewaschenen Schalen Salmonellen kleben. Da warte ich ja nur auf das cholesterinfreie, jodgesalzene Eipulver! Ach gibt’s schon? Klar.

Wer ist Schuld? Schuld sind wieder wir, die Verbraucher. Denn wir wollen Milch kaufen, die wir uns wochenlang in den Kühlschrank stellen können, ohne dass sie schlecht wird. Wir wollen fettreduzierte Milchprodukte essen und trinken, damit wir doppelt zuschlagen können mit gutem Gewissen. Das ist übrigens auch so ein Blödsinn, irgendetwas Fettiges, Süßes mit schlechtem Gewissen zu essen und hochverarbeitete Light Produkte mit guten Gewissen. Ist doch pervers irgendwie.

Wollen wir das wirklich? Oder kriegen wir das nur eingeredet und gibt es weitere Schuldige?

Verkauft man ein erstklassiges Produkt aus der Natur, ohne Patentrecht, Namensrecht, ohne wertvolle Abfallprodukte, ohne Strecken und Verlängern, ohne es zu „veredeln", so ist die Gewinnspanne einfach nicht groß genug. Also wird dran herumgedoktert. Zurück zur Milch, was passiert da?

Überall in den Händlerregalen wird die Frischmilch von der längerfrischen Milch verdrängt, weil sie händlerfreundlicher ist und wir das angeblich so wollen.

Der Aufreger in der letzten Woche war in der Hauptsache die irreführende Kennzeichnung dieser Längerfrischen. Bei nur flüchtiger Betrachtung kann man sie nämlich kaum von der Frischmilch unterscheiden.

Die Längerfrische oder auch ESL (Extendet Shelf Life)-Milch ist ungefähr zwischen Frischmilch und der H-Milch einzuordnen. Meistens erfolgt hier zunächst die Erhitzung (verschiedene Verfahren), danach die Homogenisierung (bei der Milch ist das die Zerstörung der molekularen Strukturen der Fettmoleкühle) und dann, um den H-Milch Geschmack zu reduzieren eine schnelle Herunterkühlung auf ca. 4° Grad (Fallstromerhitzung). Das Verfahren der Homogenisierung und die damit verbundene Zerstörung der Fettmoleкühle wurde schon in den 80er Jahren von den amerikanischen Forschern Ostler und Ross als gesundheitsgefährlich eingestuft.

Kurz beschrieben, warum: mit diesen kleinen Fettkügelchen gelangen Eiweiße durch die Darmwand ins Blut, die dort nicht hingehören und naturgemäß ja auch gar nicht durchkämen. Diese Eiweiße sorgen dann im Blut für unerwünschte Reaktionen von allergener Sensibilisierung bis hin zu Ablagerungen an den Gefäßen. Doch damals wurden diese Warnungen von der Milchlobby übergebügelt, so dass wir heute noch als humanoide Langzeit-Versuchskaninchen durch die Gegend laufen.

Das Lebensmittel Milch ist daher streng genommen nur die Vorzugsmilch, nicht pasteurisiert und homogenisiert, mit natürlichem Fettgehalt. Aber diese Milch wird wohl aussterben. Die Auflagen und Hygieneanforderungen sind mittlerweile höher als bei Blutkonserven im Krankenhaus und somit immer schwieriger und kostspieliger für die Milchbauern zu erfüllen.

Der Milchkonsum an sich wird durchaus kontrovers diskutiert und es gibt lautstarke Stimmen, die Kuhmilch sogar für gesundheitsschädigend halten. Dem stimme ich so nicht zu. Viele der unangenehmen(!) Begleiterscheinungen, treten lediglich bei der behandelten Milch auf. So konnte ich schon einige Male beobachten, wie Menschen mit einer Laktoseunverträglichkeit, Rohmilch ganz gut vertragen haben. Je mehr an einem Produkt manipuliert wird und je mehr chemische Eingriffe erfolgen, desto höher liegen die Wahrscheinlichkeiten für Unverträglichkeiten oder Allergien.

Egal wie man nun zur Milch, zu Milchprodukten steht, ich finde, wir haben ein Recht auf naturbelassene, unbearbeitete Lebensmittel!

Schließlich kann sich nicht jeder eine Kuh in den Garten stellen.

- **Ich darf nur zwei Eier die Woche**

Ich habe eine ovale Fixierung? Nein, hab ich nicht. Es ist aber auch nicht meine Schuld, dass ich das Thema hier schon wieder breit treten muss. Da war heute morgen eine Schlagzeile in den BBCnews, die mich dazu nötigte: *"Eating as many eggs as you want is unlikely to damage your health by raising cholesterol, research confirms. - Limiting egg consumption has little effect on cholesterol levels, research has confirmed."* Die Überschrift des Artikels:" *Regular eggs 'no harm to health!"* Was zusammengefasst soviel heißt wie, regelmäßiges Eieressen wirkt sich nicht negativ auf die Gesundheit aus!

"Neuste Forschungsergebnisse" verkünden dies! Von dem "alten Vorurteil", das der Konsum von cholesterinhaltigen Nahrungsmitteln nachteiligen Einfluss auf den Cholesterinspiegel im Blut hat, ist dort die Rede.

Ich weiß jetzt nicht im wievielten Semester des Medizinstudiums diese Zusammenhänge gelehrt werden oder war´s sogar noch auf der Schule? Zumindest jeder Arzt und therapeutisch in diesem Bereich Tätige kennt die physiologischen Vorgänge des Cholesterins im Körper.

Ganz kurz, ohne Zahlen und biochemische Vokabeln läuft das in etwa so ab:

Cholesterin wird als Baustein für z.B. Zellwände, Gallensäuren und diverse Hormone im Körper benötigt und auch selbst hergestellt. Nur nicht in vollem Umfang, da muss auch etwas mit der Nahrung kommen. In jedem gesunden Körper herrscht nun folgende Selbstregulation (Homöostase): nehme ich viel Cholesterin mit der Nahrung zu mir, produziert der Körper weniger; kommt wenig rein, produziert er mehr. Kann also gar nichts passieren, es sei denn man ist krank und irgendetwas im Regelsystem ist außer Funktion.

Jetzt fragt sich bestimmt jeder, der bis hierhin gefolgt ist und sich bis heute noch nicht damit beschäftigt hat: Ja wenn das so bekannt ist, warum gibt es denn dann schon seit Jahren diese Panikmache vor Eiern und Butter? Warum sollen wir uns denn stattdessen (seit Neuestem sogar cholesterinsenkendes) Kunstfett aufs Brötchen schmieren? Warum kriegen wir Cholesterinsenkerpillen verschrieben, warum ... mit diesen Fragen lasse ich Euch jetzt einfach mal allein.

PS: lasset Euch die Eier schmecken, wenn Ihr mögt, aber bitte darauf achten, wo sie herkommen und wie man dort mit den Hühnern umgeht!

- **Endlich, Euer Bärlaucht**

Das wurde aber mal wieder Zeit jetzt! Geht es Euch auch so? Das erste heimische Grün und schon kommt ein frühlingsfröhliches Küchengefühl in mir hoch! Rezepte werden gesucht, nicht gefunden und neu kreiert. Bärlauchpesto, dazu Nudeln, fertig ist das Frühlingsglück! So schnell, so grün, so glücklich! Der Bärlauch, Allium Ursinum: in feuchten Laubwäldern ist er zu finden, besonders auf kalkhaltigen Böden oder auf den Wochenmärkten. Im April, die ersten Bärlauchblätter sind die Besten! Außer seinem feinen Knoblauchgeschmack bringt er noch jede Menge Lauchöl, Flavonoide, Biokatalysatoren, Fructosane und viel Vitamin C mit. Also am besten frisch genießen! Auf die Schnelle zum Beispiel, nur ein, zwei Blätter aufs Brot und Käse drauf oder Bärlauch gehackt auf Frischkäse.

Es geht auch etwas aufwändiger, das oben erwähnte Bärlauchpesto mit Nudeln. Dafür werden gebraucht: 2 Bund Bärlauch, 4 EL gehackte Mandeln, 100 g geriebenen Parmesankäse, ¼ l Olivenöl, etwas Meersalz. Alle Zutaten in ein hohes Gefäß geben und fleißig pestare (zerquetschen), mit dem Zauberstab oder klassisch, in einem Mörser. Für die gewünschte Konsistenz zum Schluss einige Esslöffel vom Nudelkochwasser einrühren.

- **Eieroffensive: für das Huhn!**

Das ist nun wirklich nicht meine Schuld, dass ich schon wieder über Eier schreiben muss. Aber ich hoffe, Ihr seht ein, dass ich regelrecht gezwungen bin, mich wieder dieses Themas anzunehmen. Jede Plattform im Internet, jede Zeitung, die etwas auf sich hält und nur im Entferntesten mit Ernährung zu tun hat oder auch nicht, äußert sich derzeit über Eier! Wen wundert's, schließlich geht es ja stramm auf Ostern zu. So wirklich Neues kann ich hier nicht mehr bringen.

Aber ich möchte die Gelegenheit nutzen und noch einmal darauf aufmerksam machen: Kauft kein Ei mit einer Drei! Die Haltungsform wird durch die erste Ziffer des Eierstempels beschrieben. Die 3 steht für Käfighaltung. Die 2 für Bodenhaltung. Auch die ist für mich nicht akzeptabel: maximal 6000 Hühner dürfen hier in einen Stall gehalten werden und ein Auslauf ist nicht vorgeschrieben. Hätten Sie da Lust, glücklich gackernd Eier zu legen?

Also eindeutig zu bevorzugen sind Eier mit einer 0 oder mindestens einer 1 an erster Stelle (1 bezeichnet Freilandhaltung und 0 aus ökologischer Haltung). Natürlich ist solch ein Ei teuer, aber ausgerechnet am Ei sparen? Auf den Federn der Hennen? Das Ei ist eines der letzten Naturprodukte, sehr nährstoffreich und sollte uns ruhig auch ein paar Cent mehr wert sein.

Das waren sie mal wieder, ein paar Informationen oval ums Ei.

Ostern – ein Gedicht!

Siehst du lauter Hasen
lautlos über deinen Rasen
rasen;
Baumeln, bunte Eier, leer und hohl,
an Sträuchern in diversen Vasen;
entdeckst du hier wie dort mitunter Feuer
und plötzlich wird´s an deiner Tanke teuer;
wenn all dieses oder jenes,
dir widerfährt in diesen Tagen
so lass dir sagen:
ES IST OSTERN!

Von Desserteffekten und Soßensyndromen

Letzte Woche bin ich auf zwei wunderschöne Begriffe aus dem Ernährungsbereich gestoßen. Da gibt es den Desserteffekt und das Sauce-Bernaise-Syndrom, schon mal gehört?

Der Desserteffekt: man nimmt bei einem Menü mit mehreren Gängen mehr Nahrung auf als von einem Tellergericht. Anders herum ausgedrückt, je monotoner unser Essensangebot, desto geringer die Nahrungsaufnahme. Der Effekt hier also: akute Übergewichtsgefahr bei Überangebot und ständiger Verfügbarkeit von vielen unterschiedlichen, wohlschmeckenden Speisen.

Das Sauce-Bernaise-Syndrom mal gleich hinterher: So wird eine bestimmte Art der falschen Selbstkonditionierung bezeichnet. Ein Beispiel: jemand trinkt an einem Abend siebzehn Schnäpse und isst dazu ein Schüsselchen Haferbrei. An diesem Abend wird ihm hundekaterelend. Was ist passiert? Ihm ist vom Haferbrei übel geworden und er wird nie wieder Haferbrei essen. Doch bei der nächsten Feier gibt's bestimmt wieder Schnäpsken, wetten? Mit der Sauce-Bernaise ist es mal einem Psychologen ähnlich ergangen. Nach dem Verzehr dieser Soße erkrankte er an einer Darminfektion.

Diese wurde aber durch einen viralen Infekt verursacht. Egal, er mied fortan diese Sauce. Soll heißen, wir umgeben unsere Nahrungsaufnahme tag-täglich mit einem Netz voller Assoziationen.

Wir bewerten daraufhin die zukünftige Aufnahme dieser Nahrungsmittel nach unserem Erfahrungsschatz, eben nach unserer Selbst-Konditionierung. Ob richtig oder falsch ist dabei unerheblich.
Was fangen wir an, mit diesem fabelhaften, frisch erworbenen Wissen? Ich mag hier nicht alles „vorkauen". Macht selbst was draus oder freut Euch still über zwei hübsche, neue Begriffe, nutzt es als Thema für den nächsten Small Talk.

- **Wer hat die Kokosnuss geklaut?**

Meine erste Begegnung mit Kokos-Öl und Kokos-Wasser haben mir bereits ein eindeutiges „ja" aus der Bauchgegend signalisiert. Ich habe eine kleine aufstrebende Firma gefunden, die diese Produkte vertreibt und zu einem Interview bereit war.

K: Nikita, danke, dass Sie sich spontan bereit erklärt haben einige Fragen zu Kokossnuss-Produkten zu beantworten.

Durch Irrtümer in der Forschung und industriell, monetären Interessen sind die Kokosölprodukte für den Ernährungsbereich seit den 50er, 60er Jahren stark in Verruf geraten. Lange Zeit nur in der Kosmetikindustrie wertschätzt, korrigiert man inzwischen die Irrtümer in der Ernährungsmedizin und die einstmals geächteten, gesättigten Fettsäuren, werden für unsere Gesundheit nun hoch geschätzt. Wie kommt's?

N: Ich glaube, solche Veränderungen liegen an zwei Dingen: einerseits am wissenschaftlichen Fortschritt, der neue Erkenntnisse liefert und alte Stereotype in Frage stellt. Andererseits liegt es an der Begeisterung der Menschen, die ihre Intelligenz, Kreativität und Energie einsetzen, um die konstruktive Veränderung zu popularisieren. Was die Kokosnuss betrifft, bezieht sich das vor allem auf Wissenschaftler wie Dr. Bruce Fife, Leiter des amerikanischen Coconut Research Centers, und Mary G. Enig, Ernährungswissenschaftlerin. Junge Unternehmen wie KULAU leisten mit Ihren Produkten natürlich auch Ihren Beitrag, da Sie einen direkten Draht zu den Verbrauchern haben und das Wissen in Ihren Produkten umsetzen.

K: Wie und wann ist die Idee KULAU, die Firma entstanden?

N: Die Firma KULAU wurde von Josefine Staats Anfang 2008 gegründet, unmittelbar nach ihrem MBA Studium an der Businessschule INSEAD in Frankreich und Singapur. Im Laufe dieses Studiums ist auch die Idee einer „Kokosnussfirma" entstanden. In Asien werden an jeder Ecke frische Trink-Kokosnüsse angeboten, in Europa sind sie dagegen nahezu unbekannt.
Dabei wollte es Frau Staats nicht belassen und begann mit der Recherche.

Dabei entdeckte sie, dass die Kokosnussprodukte nicht nur hervorragend schmecken, sondern auch sehr gesund sind. Nach langer Vorarbeit entstand dann die Firma KULAU. Heute beschäftigt die Firma noch einen Festangestellten und zwei Praktikanten.

K: Waren die Gedanken Bio und Klimaschutz von Anfang an vorhanden oder war es ein Entwicklungsprozess?

N: Bioqualität, Klimaschutz und Gerechtigkeit waren vom Anfang an in das Konzept der Firma KULAU integriert. Ein modernes Unternehmen darf auf diese Ideen auch gar nicht verzichten, da das Bewusstsein und die Wünsche der Verbraucher sich in den letzten Jahren stark geändert haben. Für uns sind die Themen „Bio" und „Klimaschutz" aber nicht nur eine Reaktion auf die Veränderung des Markts, sondern eine freiwillige Übernahme der Verantwortung für die Welt, in der wir als sozialer Akteur existieren.

K: Eine Frage zum Kokosöl. Ich habe festgestellt, dass es bei Zimmertemperatur fast schon flüssig, also ein richtiges Öl ist, während es im Kühlschrank knüppelhart wird. Wie und wo bewahre ich es am besten auf und wie lange hält es sich?

N: Kokosöl wird bei etwa 25 °C flüssig und ganz klar. Am besten bewahrt man es nach dem Öffnen im Kühlschrank auf. Dort kann es mindestens ein halbes Jahr aufbewahrt werden. Ich persönlich habe es direkt neben dem Herd stehen, es wird aber auch nie älter als ein paar Wochen. Ungeöffnet ist Kokosöl mindestens 2 Jahre haltbar.

K: Was genau kann ich nun alles anstellen mit diesem Fett? Wie sieht es zunächst mit dem Braten, Dünsten und Frittieren aus?

N: Kaltgepresstes Kokosöl ist sehr hitzestabil. Sie können es ohne Sorge auf 200 °C Grad erhitzen, ohne dass das Öl Schaden nimmt. Ich benutze es deshalb besonders gerne zum Braten.

K: Geht beim Braten der feine Kokosgeschmack in das Bratgut über, wie stark?

N: Tatsächlich gibt naturbelassenes Kokosöl eine dezente und sehr schmackhafte Kokosnote an das Bratgut ab. Kokosöl eignet sich durchaus auch für die „nicht-asiatische" Küche. Wünschen Sie ein starkes Kokosaroma, sollten Sie zusätzlich Kokosmilch verwenden.

K: Welche Anwendungsmöglichkeiten gibt es ohne das Kokosöl zu erhitzen?

N: Kokosöl ist auch eine beliebte Zutat für hausgemachte Smoothies. Einfach 1 Esslöffel Kokosnussöl, eine Handvoll frischer Erdbeeren, einen kleinen Becher Joghurt und 50 ml Milch im Mixer vermengen und fertig ist der schmackhafte Drink. Kokosöl eignet sich aber auch für die Körperpflege.

K: Was ist Ihr Lieblingsrezept mit Kokosöl?

N: Ich habe zwei Lieblingsrezepte. Gestern erst habe ich Bratkartoffeln mit Kokosöl gegessen, dazu gab es Spargel. Kochen Sie die Bratkartoffeln vor und braten Sie diese dann in Kokosöl knusprig - je nach Geschmack mit Meersalz und Pfeffer würzen. Schmeckt einfach fantastisch! Als Beilage esse ich liebend gerne in Kokosöl angebratene Karottenstreifen. Pfeffer, Salz, ein bisschen Zucker oder Honig- lecker! Die Karotten erhalten ein wunderbar süßliches Aroma.

K: Zum Kokoswasser, bitte erklären Sie uns kurz den Unterschied zwischen der Kokosmilch, die wir so gern für thailändische Rezepte in der Küche verwenden und dem Kokoswasser.

N: Für die Herstellung von Kokosmilch wird Kokosfleisch mit Wasser vermengt und dann ausgepresst. Dadurch auch die weiße Farbe und der hohe Fettgehalt. Hier gilt grob, je höher der Fettgehalt, desto besser die Qualität. Oft werden für die Herstellung Reste der Ölproduktion verwendet, dann ist im Fleisch natürlich nicht mehr soviel Fett enthalten. Wer es fettarm mag, sollte einfach weniger von der Kokosmilch verwenden und nach Belieben selbst Wasser hinzufügen. Kokoswasser ist die Flüssigkeit aus dem Inneren der Kokosnuss und von Natur aus fettfrei. Es schmeckt erfrischend und hat einen sehr hohen Mineralstoffgehalt.

K: und die Anwendungsmöglichkeiten für Kokoswasser? Wie schmeckt´s am Besten? Wie lange ist es haltbar?

N: Kokoswasser schmeckt am besten eisgekühlt. Eine besonders leckere Variante ist Kokoswasser mit einem Schuss Holunderblütensirup oder auch mit Ananassaft. Kokoswasser ist natürlich isotonisch, es sorgt also für eine schnelle Wiederherstellung des Flüssigkeits- und Mineralsstoffhaushalts der Zellen. Außerdem wirkt es entgiftend. In den Anbaugebieten spielt Kokoswasser eine wichtige Rolle in der Ernährung und der medizinischen Versorgung der Menschen. Ungeöffnet ist Kokoswasser etwa 12 Monate haltbar. Kühlung ist nicht erforderlich.

K: Vielen Dank für das Gespräch.

- **Wunderpillen helfen D-Alli**

Das Produkt Alli als pars pro toto, stellvertretend für viele ähnliche Produkte. Einiges zur Info für diejenigen, die unsicher sind und vielleicht schon mit einem Fuß in der Apotheke stehen, um sich das neue Diätmittel aus der aktuellen Werbung zu holen:

Alli ist eine werbetechnisch aufgepeppte, inhaltsstoffmäßig abgeschwächte, daher rezeptfreie Version von Xenical. Xenical ist ein verschreibungspflichtiges Medikament, das bei Adipositas (schweres Übergewicht) verschrieben wird und in ärztliche Behandlung gehört. Der Wirkstoff heißt Orlistat, ein Lipasehemmer.

Das heißt, dort wo im Darm Enzyme die Fette aufspalten, damit sie durch die Darmwand resorbiert und vom Körper aufgenommen werden, blockiert Orlistat diese Enzyme und das Fett wird, quasi unverdaut, mit dem Stuhl ausgeschieden.

Studien, die eine positive (gewichtsreduzierende) Wirkung beschreiben (immer im Zusammenhang mit einer leicht kalorienreduzierten/ fettreduzierten Kost und Bewegung), beziehen sich auf Substanzmengen, wie sie in Xenical mit 120mg vorhanden sind. Mit 60mg Orlistat enthält Alli die Hälfte. Langzeitstudien fehlen bisher vollständig. Auch weil für eine längere Einnahme, die Begleiterscheinungen auf Dauer nicht tragbar sind: Fettstühle, Durchfälle, Darmwinde. Dazu kann es auf Dauer zu einer Verringerung der Aufnahme aller fettlöslichen Vitamine E, D, K, A und die Senkung des Gesamtcholesterins, also ebenfalls eine Senkung des „guten“ HDLs, kommen. Eine appetitzügelnde Wirkung besteht nicht!

Wer also kurz davor ist, eine Menge Geld (50-60 EUR - 84 Stück für 28 Tage) für eine recht zweifelhafte Wirkung auszugeben, dem möchte ich die gesunde Billigvariante ans Herz legen: Ballaststoffe.

Ballaststoffreiche Ernährung sättigt nicht nur, sondern, das bestätigen neuere Untersuchungen, die löslichen Ballaststoffe (Pektin, Inulin, Oligofructose) binden ebenfalls Fette im Darm und transportieren sie aus dem Körper, bevor sie resorbiert werden. Zusammen mit den unlöslichen Ballaststoffen sorgen sie für eine gesunde Darmflora, eine gute, regelmäßige Verdauung und die Träger dieser Ballaststoffe (Vollkorn, Gemüse, Obst) liefern auch noch jede Menge Vitamine anstatt deren Aufnahme zu hemmen.

Fazit: eine Behandlung mit dem Wirkstoff Orlistat gehört wenn überhaupt in ärztliche Hände. Die „Spielvariante“ ist uneffektiv und auf Dauer teuer und gefährlich.

• Jenseits von Gyros

Klingt wie der Titel eines Westerns. Einige Parallelen gibt es wohl, von wegen die Guten und die Bösen. Obwohl, ist es wirklich böse, Gyros mit fettigen Pommes zu servieren? Das beurteilt Ihr am besten selbst.

Dies hier ist ein kleiner Blogartikel, kein Film, kein Roman und er handelt von einer kulinarischen Spurensuche auf Rhodos. Fernab durchgekauter Gyros-Pommespfade oder hochpreisiger Luxusküchen. Es geht hier um meine ewige, neugierige Suche nach ehrlichen, natürlichen und einfachen Gerichten. Voller Geschmack und Lebensfreude! Es geht um Irrfahrten in die entlegensten Bergdörfer und in die dunkleren Ecken von Rhodos Stadt; um angeregte Gespräche mit und ohne sprachliche Gemeinsamkeiten.

Hier verkünde ich hoffnungsfroh: es gibt sie selbstverständlich auch in Griechenland, die frische, leichte, fleischlose und natürliche Küche! Angefangen bei den Startersalaten, wo schon der Geschmack der Tomaten zusammen mit dem Olivenöl alle Sinne aufs Äußerste verzückt. An den richtigen Orten wird man feststellen, dass keiner auf die Idee käme, diese natürlichen Köstlichkeiten unter einer dicken, cremigen Salatsoße zu verbergen.

Weiter geht es mit den Saganaki-Speisen, das sind Leckereien in einem Pfännchen mit Schafskäse und Tomaten überbacken. - Ich korrigiere, das können besagte Leckereien sein.

Mir sind Saganaki-Pfännchen begegnet, da hätt ich mich jedenfalls gleich reinsetzen können. Die typische Saganakimischung waren kleine, frische Tomatenwürfel, viele frische Kräuter, Schafskäse und Olivenöl. Je nach Gericht noch mit Knoblauch und Chili abgeschmeckt. Keine Ähnlichkeit mit der weißgesprenkelten, undefinierbaren, rote Masse, die in unseren hiesigen Hellas-Tempeln, mal Garnelen, mal Schafskäsescheiben unter sich begräbt. An den Originalschauplätzen beherrschen das die entlegensten, einfachsten Tavernas perfekt. Ok, die Voraussetzung ist auch hier vor Ort, dass man mutig die ausgetreten Touristen-Pfade hinter sich lässt.

Manchmal, wenn etwas gar so raffiniert und lecker ist, empfiehlt es sich, hartnäckig und unbeachtet aller Sprachbarrieren nach dem Rezept zu fragen. So geschehen bei den Zucchinipuffern. Fast kloßartig dick, dabei luftig und kross, mit stacheliger Optik, lagen sie goldbraun auf dem Teller. Außen knusprig und innen saftig mit perfekter Geschmacksharmonie! Da hielt es mich nicht länger auf dem Tavernenstuhl. Zunächst fragte ich brav bei der Bedienung nach, die dann freundlich hilflos den Chef des Hauses herbei rief: Michalis. Nach ausgiebigem Lob zückte ich erwartungsvoll den Stift und notierte: Zucchini, Zwiebeln, Petersilie, Salz und Pfeffer, Ei und Mehl. Hm, ist ja irgendwie weder Hexenwerk noch entdeckte ich den Pfiff. Sollte es so einfach sein, lieber Michalis? Ich blieb hartnäckig: Ja, in viel Olivenöl, nicht allzu heiß, verriet er und: ... ein Gewürz, griechisch: Diosmos. Weder er noch ich wussten eine englische oder deutsche Übersetzung (= Pfefferminze). Ist also einzig dieses Kraut verantwortlich für das kleine Geschmacksfeuerwerk? Herausgeschmeckt habe ich es jedenfalls nicht.

Etwas später, rief Michalis mich in die Küche und ich konnte sie kennenlernen, die Urheberin meiner auserwählten Köstlichkeit des Abends: Irena, die Köchin. Lächelnd entsaftete sie gerade die geriebenen Zucchinistreifen. Sie sprach sogar ein wenig deutsch und so nahmen die Puffer mit jedem Arbeitsschritt endlich Geschmack an, auch in meinen Notizen. Vor allem spürte ich, dass sie die wichtigste Zutat bereits in sich trug, die Freude an den Produkten, der Zubereitung und auch daran, ihr Rezept mit mir zu teilen.

Stevia aus Paraguay, yerba buena

Heute möchte ich wieder gleichzeitig ein Produkt und damit auch eine kleine, aufstrebende Firma vorstellen. Die Inhaberin sitzt direkt an der Quelle Ihrer Produkte. Petra Helmreich vertreibt Stevia Produkte aus dem Ursprungsland dieser süßen Pflanze, aus Paraguay. Es ist schon viel geschrieben worden über die ökonomischen Zusammenhänge und von den Problemen, es in Deutschland zu vertreiben. Ich möchte von Petra in erster Linie näheres über ihre Leidenschaft für Stevia, sowie vielleicht das ein oder andere Geheimrezept erfahren.

K: Konsequenterweise gleich zu Beginn die Frage, wie alles anfing, Petra:

Wie kamst Du auf die Idee, ausgerechnet Stevia zu vertreiben? Die Idee, ein Plan, die Ausführung, war das ein langer Prozess?

P: Zunächst einmal vielen Dank Konstanze, für die Einladung zu diesem Interview!

Also, um ganz ehrlich zu sein war es gar nicht einmal vorrangig die Idee Stevia zu vertreiben, sondern die Idee, die südamerikanische Mate-Trinkkultur nach Europa zu bringen – und dabei ist natürlich die Stevia nicht wegzudenken.

Dass es ausgerechnet Steviaprodukte sind, die in Europa so reißenden Absatz finden, spricht natürlich für das ausgeprägte Gesundheitsbewusstsein und das freut mich sehr.

Die Idee, die schöne und vor allen Dingen gesunde Tradition des Matetrinkens zu vertreiben hatte ich bereits kurz nach unserer Einwanderung hier in Paraguay – das war vor über 3 Jahren. Ein konkreter Plan und dessen Umsetzung entwickelten sich dann erst im August, September 2008. Ab da ging dann alles relativ zügig über die Bühne. Mein Ziel war es, bis Anfang Dezember 2008 den Shop online zu stellen.

K: Dein Shop heißt: Yerba Buena. Was heißt das, gibt es eine Geschichte zur Namensfindung?

P: Oooh – die Namensfindung – mit das Wichtigste überhaupt – zumindest für mich war das sehr wichtig. Er sollte das ausdrücken, was den Shop ausmacht und außerdem noch gut klingen – und ein anderer wichtiger Punkt war letztendlich auch noch die entsprechend verfügbare Domain für den Onlineshop.

Ich bin mit meinem Shop-Namen mehr als glücklich und verrate natürlich gerne, warum.

YerbaBuena ist ein spanisches Wort. Yerba bedeutet übersetzt Kraut – aber auch der Mate wird in Südamerika kurz „yerba“ genannt und Buena bedeutet ganz einfach „gut“. „Gutes Kraut“ ist also die korrekte Übersetzung, was die Sache auch auf den Punkt bringt. Aber – Yerbabuena hat noch eine weitere Bedeutung.

Die Pfefferminze trägt ebenfalls diesen Namen – und zwar jene Art, die dem Spearmint-Kaugummi zugesetzt wird, die sogenannte „Hemmingway-Minze".

K: Wie hast Du es angestellt, in einem fremden Land, geeignete Lieferanten oder Steviabauern zu finden?

P: Die wichtigste Voraussetzung ist zunächst einmal, die Landessprache zu sprechen, damit man findet, was man sucht und verstehen kann, was man wissen möchte.

Ich habe einen sehr hohen Anspruch was die Qualität meiner Produkte anbelangt, denn schließlich möchte ich nur das Beste an meine Kunden weitergeben.

Hier in Paraguay gibt es eine große Auswahl an Stevia-Produkten, doch musste ich feststellen, dass viele Produkte Zusatzstoffe wie Sorbit oder gar künstlichen Süßstoff enthalten.

Bei der Produktpalette von Stevita hingegen oder auch die P.A.N.-Tropfen ist das anders. Hier gibt es sogar ein Herkunftszertifikat und was Stevita betrifft, führen die Produkte zahlreiche Auszeichnungen, wie z.B. vom paraguayischen Diabetikerverband, der dem internationalen Verband angeschlossen ist, oder die Kosher-Zertifizierung, um nur einige zu nennen.

Hinzu kommt noch, dass Stevita eigene Plantagen unterhält und somit von der Scholle bis zum fertigen Produkt für Qualität bürgen kann. Dies gilt im Übrigen auch für mein Angebot an Mate.

Von daher war es für mich eigentlich verhältnismäßig einfach, mich für „meine" Produkte zu entscheiden – ich bin überzeugt von ihnen.

Insofern ja, ich kenne Steviabauern – auch wenn es nicht der kleine Campesino auf seiner Parzelle ist – hier in Paraguay wird es erst ab einigen tausend Hektaren interessant. Doch was nicht ist, kann noch werden.

K: Waren die Verhandlungen, um Preis, Menge und Transport schwierig?

P: Die paraguayischen Lieferanten waren sehr entgegen kommend und interessiert und sind von meiner Initiative natürlich sehr angetan, ihre Produkte ins ferne Europa zu bringen. Momentan kann ich jedoch noch nicht mit Großabnehmer-Rabatten rechnen, da ich mit meinem Shop noch am Anfang stehe, was den Umsatz anbelangt.

K: Wie wächst Stevia? Wie oft im Jahr wird geerntet? Auf welche Art wird geerntet?

P: Das Hauptanbaugebiet der Stevia liegt im nördlichen Paraguay, an der Grenze zu Brasilien, in den Departamenten San Pedro, Alto Paraná, aber auch in Concepción, Central und Caaguazú. Der Anbau erfolgt auf den außergewöhnlich nährstoffhaltigen, dunkelroten Böden Paraguays.

Geerntet wird viermal im Jahr! Alles in Handarbeit, ohne Einsatz von irgendwelchen Maschinen.

Die Erntehelfer schneiden die Steviapflanzen entweder mit der Heckenschere oder aber mit der Machete auf Wurzelhöhe ab und breiten sie dann auf großflächigen Planen in der Sonne zum Trocknen aus. Anschließend werden die Blätter – per Hand – von den Stielen gepflückt und zur Weiterverarbeitung transportiert.

Also – insgesamt ein sehr aufwändiger Prozess, der allerdings für viele hunderte Familien in den Pflanzungsgebieten ein Überleben sichert.

K: Wie sieht es mit den Gedanken der Nachhaltigkeit aus, was weißt Du über den Einsatz von Dünger und Pestiziden?

P: Natürlich ist dies ein Aspekt, der mir selbst sehr am Herzen liegt und mir den Ausschlag gab für die Auswahl der Produkte für den Shop.

Steviapar S.A. – bürgt für die Bioqualität ihrer Stevita-Produke. Es kommen weder künstliche Dünger noch Pestizide zum Einsatz. Und bei dem sehr aufwändigen Extraktionsprozess zur Gewinnung des Steviosid, wird im Gegensatz zu vielen anderen Herstellern, mit Wasser gearbeitet.

K: Wie und wozu verwendest Du selber Stevia?

P: Diese Frage habe ich befürchtet. Nun gut, also dann beichte ich jetzt, dass ich mich selbst so gut wie zuckerlos ernähre.

Aber natürlich verwende ich Stevia in der Küche, denn meine Familie liebt alles, was süß ist. Das morgendliche Müsli wird mit Stevita-Pulver gesüßt und in den Tee kommen Stevia-Tropfen – wobei ich persönlich beim Teetrinken auch schon mal eine Ausnahme mache und 1-2 getrocknete Steviablätter in den Tee gebe, einfach weil es lecker ist.

Naja, und Süßspeisen, Kuchen oder viele Weihnachtsplätzchen bieten sich für den Einsatz von Stevia ja regelrecht an. Und das Tolle daran ist, dass man dann wirklich hemmungslos und ohne schlechtes Gewissen schlemmen kann.

Ach ja, und hier in Paraguay gibt es jetzt auch Eiscreme mit Stevia!

Ich habe es selbst noch nicht probiert, werde es aber bestimmt nachholen, sobald hier wieder der Sommer eingekehrt ist.

Nicht unerwähnt möchte ich lassen, dass Stevia ein starkes und bewährtes Heilkraut ist – und zwar egal, ob es als frische oder getrocknete Blätter verwendet wird. Es wirkt stark entzündungshemmend und kommt als natürliches Antibiotikum vor allem bei Scheidenentzündungen zum Einsatz. Es hemmt die Plaquebildung der Zähne und wirkt traditionell gegen Bluthochdruck. Und für Diabetiker ist es ein Segen, denn es hat nicht nur NULL Kalorien, sondern reguliert darüber hinaus auch noch den Blutzuckerspiegel. Alle Wohltaten der Stevia rebaudiana B. hier aufzuführen würde jetzt den Rahmen sprengen.

K: Stimmt es eigentlich, dass Steviosid – also das hochkonzentrierte weiße Steviapulver – das Non-plus-ultra des Stevia ist?

P: Ja und Nein.

Es stimmt, dass das Steviosid 300 mal süßer ist als Steviablätter es sind. Aber – genau deshalb ist es für den Endverbraucher, also auf dem Frühstückstisch oder in der Küche, kaum verwertbar. Es ist einfach viel zu hoch konzentriert, man kann es nicht bzw. sehr schlecht dosieren. Das Ergebnis ist Bitterkeit. Insofern, nein, es ist nicht das Nonplusultra, nicht für den Verbraucher.

Ich höre und lese immer wieder, dass die Leute auf das Steviosid erpicht sind. Meiner Meinung nach werden die Konsumenten nicht richtig aufgeklärt, vielleicht auch deshalb, weil Steviosid die Kassen richtig klingeln lässt, es ist nämlich sehr sehr teuer.

Hier in Paraguay wird das Steviosid für den industriellen und landwirtschaftlichen Einsatz angeboten. Also zur Weiterverarbeitung in diversen Steviaprodukten wie Pulver und/oder Tropfen, aber auch für den Einsatz in der Viehwirtschaft oder als biologischer Dünger.

Allein daran kann man schon erkennen, wie hochdosiert und wenig geeignet es für den Endverbraucher ist.

Also ich kann wirklich nur jedem dazu raten, die fertigen Produkt-Kompositionen zu verwenden. Bei Stevita weiß ich nun mal, dass Erfahrung und Qualität gewährleistet sind.

K: Was wünscht Du Dir für die Zukunft in Bezug auf Dein Geschäft?

P: Ich wünsche mir, mit meinem Angebot an Stevia, Mate, Kräuter und Zubehör viele Menschen erreichen und überzeugen zu können.

K: Vielen Dank und weiterhin viel Erfolg, Petra!

• Pizza, schnödes Fastfood

Allein schon: Fastfood! Bitteschön!? Das einzig schnelle daran mag die flinke Behändigkeit sein, mit der ein echter Pizzabäcker aus der Teigkugel ein flaches Rund zaubert. Ich denke, dass dieser, an sich köstliche Fladen, durch die ganzen Pizza-Ketten, durch die fettigen Für Zweifuffzich-auf-die-Hand-Verkäufe diverser Bäcker-Ketten und durch die geschmacksdesignten Tiefkühlexemplare einen argen Imageschaden erlitten hat.

Wann kommt man schon mal in den Genuss einer richtigen Pizza? Klar, man kann sie selbst herstellen. Man nimmt dann vielleicht Vollkornmehl für den Teig, packt viel Belag nach eigenem Gusto drauf, ordentlich vom Lieblingskäse dazu usw.

Das Ergebnis schmeckt immer, würde man ja sonst nicht so machen. Nur hat das Endergebnis ja streng genommen nichts mehr mit einer Pizza gemein. Es ist eigentlich eher ein pikanter Hefekuchen. Bitte nicht falsch verstehen, es schmeckt! Ist eben nur keine Pizza.

Warum ich jetzt und hier so darauf herumreite?- Ganz einfach, diese Gedanken kamen mir, als ich vor einiger Zeit mal eine Pizza serviert bekam, die mich begeistert hat! Diese Pizza, so schoss es mir augenblicklich in den Kopf, diese Pizza, ist genauso, wie das wohl ursprünglich mal vorgesehen war. E´ basta! Wo und wann habt Ihr das letzte Mal eine echte Pizza gegessen? – Ach, regelmäßig? Bei Ihrem Lieblingsitaliener um die Ecke? Im letzten Italienurlaub? – Vielleicht ist das wirklich so, dann schätzt Euch glücklich! Ich war bisher auch ganz zufrieden hier und meine letzte verklärte Urlaubserinnerung reicht 4 Jahre zurück.

Doch davon soll hier nicht die Rede sein. Mein Pizzaerlebnis ist noch frisch, hat keine Patina.

Es geschah dort, wo man es bestimmt nicht erwartet, im Land der alten Philosophen und Syrtakitänzer, genau dort war ich ihr ausgeliefert. Einer riesigen bewunderungswürdig duftenden Pizza frutti di mare! Ja, es war tatsächlich letztens in Griechenland. Hungrig schlenderten wir abends durch die Gassen, bis zuerst meine Nase und dann mein Blick auf ein italienisches Restaurant fiel. Na so was? Als ich näher hinsah, beobachtete ich, wie sich ganz hinten im Raum jemand an einem großen Steinofen zu schaffen machte. Dadurch war zumindest schon klar, hier können wir uns ruhig eine Pizza gönnen. Mal Abwechslung von Saganaki und Co.

Drinnen Platz genommen, wurden wir von einem griechischen Kellner freundlich begrüßt und bewirtet. Wir bekamen die Speisekarte, auf der in Griechisch, mit englischer Übersetzung, italienische Gerichte aufgeführt waren. Wir entschieden uns schnell für eine Pizza frutti di mare, weil einerseits der Steinofen und dann, so nah am Meer…

Etwas später hatten wir jeder ein riesiges Rad italienischer Pizzakunst vor uns liegen. Natürlich waren wir hin und weg, sonst würde ich diese Zeilen hier nicht schreiben. Danach bin ich in die Küche, neugierig bis zur Kragenspitze, wer da wohl am Ofen steht? Umberto Castaldi aus Napoli. Verschmitzt lächelnd nahm er unsere Ovationen entgegen. Dann erfuhren wir mehr. Über seine neapolitanisches Pizzablut, seine Auswanderung zunächst nach Deutschland, Gütersloh und seine gastronomisch Ausbildung in Cuxhaven, weitere Stationen in ganz Europa, alle durften seine italienischen Gerichte genießen. Denn Pizza ist nicht alles, was er mit viel Hingabe und einfachen, guten Naturprodukten in seiner Küche zaubert. Hier sei jetzt Endstation, verriet er uns. Das Klima stimme und die Griechen hier wissen so langsam seine Küche zu schätzen. Dabei steht er jeden Abend, auch wenn es draußen über 30°C im Schatten sind, vor einem 400°C heißen Pizzaofen und holt ein Meisterwerk nach dem anderen daraus hervor.

Es hat mir großen Spaß gemacht, seine geschickten, flinken Hände bei der Arbeit zu beobachten. Wie eine kleine Choreographie, kein Zögern und kein überflüssiger Handgriff.

So zubereitet, mit frischen, besten, natürlichen Zutaten und Leidenschaft, ist die Pizza weit entfernt von ungesundem Fastfood.

Ich habe Umberto auch nach seinem Wunsch für die Zukunft gefragt und die Antwort kam schnell:"Ich möchte hier bleiben und mite meine Frau diese Restaurante übernehmen. Eine Teile gehört mir schon!" – Und was könne er sich gar nicht vorstellen, wollte ich noch wissen, auch hier ohne Zögern: „Eine Mikrowelle ine meine Restaurante!"

- **Ich bin schön!**

Der selbstkritische Blick in den Spiegel, wer kennt den nicht? Besonders wenn frau feststellt: Plötzlich ein Pölsterchen! Lange, lange bevor es die Öffentlichkeit wahrnimmt, entstehen da nagende Zweifel, die nicht selten sogar die Grundmauern des Selbstbildes zu erschüttern drohen.

Es gibt immer wieder Lebensabschnitte, besonders bei uns Frauen, da wird selbstkritisch Inventur gemacht. Oft mit dem Ergebnis, jetzt muss sich was ändern! An diesem Punkt kommen dann bestimmte Berufsgruppen ins Spiel. Da wäre wohl die am häufigsten frequentierte Gruppe, die der Frisöre und Haarstilisten, auch Kosmetik- und Fitness-Studios werden in dieser Situation gern besucht. Wenn es etwas tiefer gehen soll, kommen Berater und Coachs ins Spiel: Ernährungsberater, Personal Trainer, aber auch Persönlichkeitscoaching und ganz bestimmt Stil- und Imageberatungen.

Ein verzerrtes Selbstbild kann einem ganz schön den Tag versauen, eine dauerhaft schräge Selbstwahrnehmung sogar ganze Lebensabschnitte. Astrid Fiedler, Imageberaterin, ist es daher bei allen Äußerlichkeiten, sehr wichtig, ihre KlientenInnen auch wieder zu einer freundlicheren und liebevolleren Selbsteinschätzung zu führen.

Heute möchte ich in einem weiteren Interview, Astrid Fiedler, eine Stil- und Imageberaterin aus Hamburg-Bergedorf, näher vorstellen.

K: Was bieten Sie Ihren KundenInnen, Astrid?

A: Mit meinem Angebot unterstütze ich Menschen darin, frischer, strahlender und entspannter zu wirken. Meine Kunden sagen mir nach der Beratung oft, dass sie mehr Sicherheit im Umgang mit Farbe, Stil und im Auftreten gewonnen haben.

K: Verraten Sie uns, was Sie dazu gebracht hat, gerade dies zu tun?

A: Ich stand vor Jahren sehr ratlos und unentschlossen vor meinem Kleiderschrank und konnte mich nicht entscheiden, was ich anziehen sollte.

Ich hatte schon Verschiedenes anprobiert und aussortiert und noch drei Teile zur Auswahl: Ich zog mein weißes Kleid an, das mir sonst immer sehr gut gefallen hatte - aber plötzlich sah ich, dass es mich blass wirken ließ.

Ich probierte es mit schwarz – fand mich aber auch blass und fade .

Zu guter letzt zog ich ein Kleid in einem Goldton an und fühlte mich ganz wohl damit. Dafür habe ich mich dann letztendlich auch entschieden und habe an dem Abend auch viele Komplimente für mein Aussehen erhalten. Heute würde ich sagen, dass diese Farbe mich feiner und mindestens zehn Jahre jünger wirken ließ.

Beeindruckt hat mich an dem Abend eine Frau in einem schwarzen Kleid – denn sie sah umwerfend darin aus, obwohl sie nicht im klassischen Sinne einer Schönheit entsprach.

Ich fand diese Entdeckung spannend und beobachtete bald, dass einige Menschen in bestimmten Farben blass und müde wirken, während andere Menschen in den gleichen Farben vital und frisch wirkten.

Irgendwann fiel mir auf, dass dahinter ein Prinzip steckt und das wollte ich herausfinden. Da ich es zudem außerordentlich spannend finde, Menschen in Entwicklungs-Prozessen zu begleiten, habe ich dann diesen Beruf gewählt.

Und ich bin immer wieder begeistert, wie schön Menschen sich verändern können.

K: Wer kommt zu Ihnen?

A: Meine jüngste Kundin war 7 Jahre alt, das Mädchen habe ich anlässlich einer Schiffstaufe beraten. Die älteste Kundin war 87, sie wollte nun endlich mal etwas für sich tun. Die meisten KundInnen sind zwischen 35 und 50. Damen und Herren nutzen das Angebot immer häufiger um sich beruflich entsprechend darzustellen, oder sich einer Veränderung anzupassen. Sie merken, dass der alte Schuh nicht mehr passt, aber wissen noch nicht, wie der Neue aussehen soll. Manchmal reicht eine Beratung aus, manchmal begleite ich die Menschen über einen bestimmten Zeitraum in diesem Findungsprozess.

K: Geht es Ihren KundenInnen in der Mehrzahl eher um Business-Etikette und -Stil oder auch um eine ganz persönliche Unterstützung in Sachen Stil und Image?

A: Es ist beides gleichermaßen gefragt.

K: Wie gelingt es Ihnen, herauszufinden, mit welchem Stil und Outfit sie glücklich werden könnten?

A: Ich frage: Wie möchten Sie wirken? Wenn es um die berufliche Entwicklung geht: Was machen Sie genau? Welche Signale möchten Sie senden?

Ich setze mich sehr intensiv mit der Persönlichkeit und den beruflichen Bedingungen auseinander damit alles passt.

K: Bei den Einzelberatungen, welche Sätze hören Sie am häufigsten?

A: Ich werde häufig unterschätzt. - Kann ich das noch anziehen? - Ich bin unsicher. - Sagen Sie mir, was zu mir passt.

K: ... und welchen Satz hören Sie sich oft sagen?

A: Wie möchten Sie wirken?

Mit Ihrer Figur können Sie sich folgendes leisten...

Die gewünschten Signale senden Sie mit...

K: Gab es schon Situationen, in denen Sie gemerkt haben, dass Sie allein nicht weiterhelfen können und es einer weiterführenden Beratung bedarf, also Hilfe z.B. in der persönlichen Ausrichtung, die Psyche betreffend oder gesundheitlich in Sachen Gewichtsreduktion? Und wie gehen Sie dann mit diesen Situationen um?

A: Ja, es gab diese Situationen. Den persönlichen Prozess der Ausrichtung begleite ich mit Persönlichkeitscoaching, ansonsten empfehle an ausgesuchte Kooperationspartner weiter.

K: Das Thema „Authentizität“ hier– „eine Rolle spielen“ dort, wird in letzter Zeit, angestoßen durch das Buch von Rainer Niermeyer „Mythos Authentizität“, wieder öfter diskutiert. Jetzt, ohne näher auf das Buch einzugehen, wie ist Ihre Sicht dazu, aus der Erfahrung, aus Ihrer Praxis heraus?

A: Meine Arbeit zielt nicht darauf ab etwas vorzugeben, was man nicht ist.

Ich glaube, dass eine innere Sicherheit entsteht, wenn Menschen ihre Kompetenzen und Einstellungen erkennen, aus der heraus sie agieren können - das wirkt authentisch. Diese Sicherheit oder Kompetenz kann man schon mit dem Outfit kommunizieren. Eine Imageberatung unterstützt dabei.

K: immer gern genommen in Interviews, aber, wie ich finde, auch meistens sehr interessant, das sind die kurzen Assoziationen. Also, ich gebe Ihnen ein Wort vor und Sie sagen ein-zwei Sätze oder Begriffe, die Ihnen dazu einfallen.

K: Peinlichkeiten –

A: wird mit Charme die Schärfe genommen.

K: Image –

A: ist das Bild, dass andere von uns haben und wir von anderen.

K: Selbstbild

A: – ist manchmal ganz schön schräge.

K: Erfolg –

A: ist wichtig für das Selbst und hat nicht unbedingt etwas mit Geld zu tun.

K: Mode –

A: ist Zeitgeist und, wenn man es schafft sich aus der Vielfalt das Passende zu kaufen, eine tolle Sache.

K: Hatten Sie schon mal einen richtig eitlen Menschen in Ihrer Beratung? Also jemanden, der geradezu selbstverliebt und narzisstisch auf sein Äußeres fixiert ist?

A: Nein.

K: Und hatten Sie auch schon mal jemanden, der nur kam, weil er/sie geschickt wurde? So nach dem Motto, da muss was passieren mit Dir, jetzt geh mal zu einer Stilberatung?

A: Ja – und die Kunden waren jedes Mal dankbar für die Beratung, denn Sie haben viel über ihre Wirkung auf Andere erfahren.

K: noch zwei Sachen, Astrid:

Wann, in welchen Situationen, Lebensabschnitten empfehlen Sie, eine Image-Beratung zu buchen?

A: Eine Imageberatung ist immer sinnvoll, wenn man etwas für sich tun möchte und in den Wechselphasen des Lebens:

Schule, Studium - Beruf, Karriere

Heirat –Scheidung

Kinder aus dem Haus - Wechseljahre

K: Und geben Sie uns am Schluss noch mal einen ganz heißen Tipp, für unseren Alltag, wo wir vielleicht nicht von selbst drauf kommen, den aber jeder für sich mal anwenden kann?

A: Wir unterhielten uns im Vorgespräch auch über Gewohnheiten. - Um meine Körperhaltung zu verbessern, habe ich mir vor Jahren mein Handy im Stundentakt auf Vibrationsalarm gestellt, um mich an die neue Haltung zu gewöhnen. Das kann man auch mit neuen Glaubenssätzen machen.

K: Das stimmt, unliebsame Gewohnheiten muss man sich wirklich mühsam abtrainieren, um sie erfolgreich loszuwerden.

Ich wünsche Ihnen weiterhin viele zufriedene, schöne KundenInnen und danke für Ihre interessanten Einblicke, liebe Astrid Fiedler!

- **Ein Wunder! Es hat geholfen, irgendwie, hätte es, wenn nicht, egal**

Schlank sein, jung bleiben und ewig gesund! Cranberries, Acerolakirsche, Acaibeere und Gojibeeren erobern unsere Müslis! Ginseng, Noni, Acai, Arganöl, sichern uns ein krebsfreies langes Leben! Das Sahnehäubchen, serviert von Prof. Diät und Dr. Fitness.

Sie geben uns den Rest mit ihren Slim- und Antiaging Pülverchen, mit neu kreierten Sportarten oder kluge, „nie zuvor gedachte“ Strategien für das einzig richtige Leben.

Wichtig ist, das ein © oder ® hinter all diesen kunstvoll designten Wortgebilden steht.

So kaufen wir uns seit Jahrzehnten Produkte aus Ländern, die wir gerade mal vom Fernsehen her kennen. Wir zählen gehorsam und grüppchenweise Punkte, werden schlank im Schlaf, essen abends keine Nudeln mehr und lassen Haare, Spucke oder Blutstropfen analysieren. Immer auf der Suche nach den wahren Dickmachern. Euphorisch, hoffnungsvoll und motiviert bis in die Haarspitzen freuen wir uns, all den darauf folgenden Anweisungen zu gehorchen und all die Dinge zu schlucken. Alles wird gut.

Wochen später und auch erst, wenn der Gedanke an die hohen Geldausgaben langsam verblasst, trauen wir uns, die Zügel zu lockern. Keine neues Pulver wird gekauft, kein neuer Kurs besucht. Alte Gewohnheiten kämpfen sich durch. Ganz im Geheimen und tief in uns drin, keimt ein kleiner Zweifel. Aber schnell und noch ehe er größer werden kann, halten wir schon wieder Ausschau nach einer neuen, besseren Methode. Wir halten Ausschau nach dem nächsten Wunder, wohl wissend, dass wir allein die Macht, die Möglichkeit, das Wunder in uns hätten ... Aber wer will sowas schon so schwarz auf weiß und völlig kostenfrei lesen?

● Zurück von der eat´n Style

Im Gepäck eine Gratisausgabe der neusten Essen&Trinken, zwei Gratisausgaben der letzen Effilee sowie zwei Gläser Trüffelbutter zum Messepreis von einem Glas ("Eins können Sie ja einfrieren!").
Ich weiß nun, dass ich mit meinen Küchenmessern niemals an die Schnitttechnik der Profis herankommen werde und dass Gurke, Zitrone und Äpfel zusammen einen leckeren Saft ergeben.
Die ganzen Promiköche habe ich verpasst, da ich statt Samstag oder Sonntag, wie alle anderen, heute, am Montag hin bin, zur Messe „Eat´n Style“ in Hamburg: Die Messe mit Geschmack!

Was war noch? Auffällig, die vielen leckeren Brote und, die zum Glück nicht so zahlreich verstreuten, Wohndesign Stände? Warum eigentlich? Ach ja, Geschmack.

Richtig zur Sache ging es dann am BMW Stand, da gab es „live cooking“ und ein echter Rancher (zu erkennen an seinem Cowboy Hut) erzählte in original nuschel-amerikanisch von seiner schwarzfüßigen Schweinerasse, derweil mindestens eins davon zerteilt und scheibchenweise in der Grillpfanne brutzelte.

Neu war für mich das Avocado-Öl aus Chile. Gibt’s wohl auch erst seit Kurzem.

Ein interessantes Produkt allemal, tiefgrün, mild, naturrein und mit einem hohen Anteil ungesättigter Fettsäuren, wie die Avocado selbst halt.
Natursalzflocken dann am nächsten Stand.

Salzflocken mit allen möglichen Beigaben, wie Chilifäden, Rosmarin, Pfeffer oder Curry, aus Italien, vom Himalaya und sogar aus dem Salzkammergut, je nach dem, wonach einem gerade der Sinn steht. Ganz schön trendy.

Dann gab es auch einige Stände, die eindeutig zeigten, Maggi und Knorr, das gibt es auch auf Bio- und Gourmetebene. Fertige Soßen, Gewürzmischungen und Suppen, ganz wie in heimischen Supermarktregalen. Hier sind sie nur teurer und beeindrucken durch schwarzes oder braunes, gediegenes Verpackungsdesign. Das schürt immerhin die Hoffnung auf höhere Qualität. Dem Pulver selbst kann man die Qualität jedenfalls nicht ansehen, das muss dann halt die Imagewerbung ausgleichen.

Hab ich noch was vergessen? Ja, natürlich, zahlreiche Wein-, Schokolade-, Essig- und Ölanbieter waren vertreten und guten Kaffee gab es auch.

Mein bleibender Eindruck: ein nicht gekauftes, verehrungswürdiges Messer aus Damaszener Stahl mit 32 Lagen gefertigt, die innere Lage aus V-Gold Stahl, made in Japan, dazu ein Kampher-Lorbeer-Holzbrett.

• Durch Kürbis: Brüchige Nervenverbindungen im Gehirn!

Gebt es zu, gerade habt Ihr reflexartig überlegt, wann es das letzte Mal Kürbis gab? Nach solch einer Überschrift geht es üblicherweise wie folgt weiter: Laut einer amerikanischen Studie (weit weg, wichtig!) führt ein regelmäßiger Genuss von ... und so weiter. So oder ähnlich lesen wir es jeden Tag in unseren Zeitungen. Erst gestern hieß es bei uns in der Tagespresse wieder: "Olivenöl schützt gegen Alzheimer." – Schau an! Wie? Solche Meldungen verunsichern? „Kaffee ist gut gegen Brustkrebs!“ – „Rotes Fleisch verursacht Krebs!“ - „Limos machen dumm!“ – „Honig macht taub!“ –
Wisst Ihr, wie ich seit Jahren instinktiv mit solchen Meldungen umgehe? Das wurde mir gestern erst bei diesem Olivenöl-Artikel bewusst. Ich halte es damit, wie mit den Horoskopen.
Ich lese es interessiert durch und je nach dem, ob es mir gefällt oder nicht, denke ich: „Klasse, passt doch!“ oder aber, ich ignoriere. Nehmen wir an Kaffee ist gut gegen Brustkrebs, dann freu ich mich. Steht Kaffe im Verdacht, vorzeitige Demenz auszulösen, ignoriere ich. Das Prinzip ist klar?
Schließlich, mein Horoskop in der Zeitung dringt ja auch nicht tief bis in meine Planetenkonstellationen und Häuser zum sekundengenauen Zeit- und Lagepunkt meiner Geburt durch. Es ist demnach genau so oberflächlich und allgemein, wie diese Meldungen über Wirkungen und Nebenwirkungen unserer Nahrungsmittel.

Sagt nix aus, aber die Leute wollen es halt lesen.

Dabei ist eine wissenschaftliche Studie ein sehr komplexes Unterfangen. Die Vorgaben sind abhängig vom Auftraggeber.

Dazu kommt, dass sich die Ergebnisse, eben wegen der vielen Parameter, fast immer so und auch völlig anders interpretieren und gewichten lassen. Wie heißt das, äh ja: beliebig das alles, so ohne jegliche Hintergründe.

Nun sind es aber meist keine wissenschaftlichen Aufsätze oder Zeitungen die wir da lesen. Es sind Tageszeitungen, bunte Illustrierte und diese Macher wissen, besonders gute oder schlechte Nachrichten über Ernährung, das geht immer!

- **Guter Vorsatz mit bestem Einsatz**

Zu den guten Vorsätzen im neuen Jahr gibt es die kuriosesten Einstellungen und Stellungnahmen. Schauen wir mal, was es da für unterschiedliche Meinungen zu gibt. Entweder man fasst neue, gute Vorsätze oder nicht, sollte man meinen. Aber interessant wird es in den Zwischentönen. Bestimmt kennt kommt Euch der ein oder andere Typ durchaus bekannt vor...

- der coole, konservative Typ:

Vorsätze im neuen Jahr? – Nein danke! Alles ist bestens wie es ist!

- der vernünftige, therapeutische Typ:

Vorsätze im neuen Jahr? – Nein, ich fasse sie dann, wenn für mich die Zeit dafür gekommen ist, nicht wenn ein neues Jahr beginnt.

- der vernünftige, trotzige Typ:

Vorsätze im neuen Jahr? – Nein, ich fasse sie dann, wenn für mich die Zeit gekommen ist. Nicht wenn ein neues Jahr beginnt, auch nicht wenn genau dann die Zeit gekommen sein sollte.

- der dogmatische Typ:

Vorsätze im neuen Jahr? - Schon aus Prinzip nicht!

- der resignierte Typ:

Vorsätze im Neuen Jahr? – Bringt ja eh nichts, hält nicht lange vor!

- der resignierte, erfahrene Typ:

Vorsätze im Neuen Jahr? – Bringt ja eh nichts, hält bei mir nicht lange vor!

- der optimistische, enthusiastische Typ:

Vorsätze im neuen Jahr! - Na klar, wie jedes Jahr! Da gibt´s ne ganze Menge! Du, und dieses Mal schaffe ich es!

- der Typ „Hellseher“:

Vorsätze im neuen Jahr! - Na klar, auch wenn´s eh nichts bringt!

Typ trotziger „Hellseher“:

Vorsätze im neuen Jahr! - Na klar, auch wenn´s eh nichts bringt! – Jetzt erst recht!

Ich könnte seitenweise weitere Typen aufzählen, aber vielleicht fallen Euch selbst ja noch ein paar ein? Die Zeit eignet sich gerade hervorragend dazu. Oder überlege mal, was Du selbst für ein Typ bist?

Bei näherer Betrachtung halte ich mich überwiegend für

-den traditionellen, lässig realistischen Typen:

Vorsätze im neuen Jahr! - Na klar, gehört dazu, mal sehen wohin sie mich bringen dieses Jahr!

Falls Du nicht zu den dogmatischen, trotzigen Anti-Vorsätze-Typen gehörst und auch sonst gerne Pläne schmiedest fürs neue Jahr, dann interessiert Dich vielleicht mein alljährliches kleines Ritual.

Frei nach den Phrasen „Papier ist geduldig“ und „Wer schreibt, der bleibt!“ beginne ich mein neues Jahr zunächst mit einem weißen Blatt Papier. So und so. So ein Jahreswechsel ist nun mal auch eine Zäsur, ein neues Kapitel beginnt, ein weißes, unbeschriebenes Blatt liegt vor mir und genau das fasziniert mich, jedes Jahr aufs Neue! Es ist ein Rhythmus, wenn auch nicht so ein natürlicher, wie die Mondphasen, die Jahreszeiten oder Tag und Nacht. Aber der kalendarische Jahresrhythmus ist uns Menschen doch recht ähnlich, ist auch ein Mix aus Zivilisation und Natur, aus Bewusstheit und Instinkt, aus Regelwerk und Treibenlassen.

Begonnen hat es bei mir irgendwann einmal mit einer simplen Liste und inzwischen wird daraus in manchen Jahren ein regelrechtes kleines, buntes Kunstwerk mit Kringeln, Pfeilen und Bildern voller Pläne, Vorstellungen und Erfolgen. Ich erinnere hier an die Mind Mapping Technik, eine tolle visuelle Möglichkeit des vernetzten Pläneschmiedens über alle Zeitgrenzen hinaus.

Alles sollte Platz finden auf dem leeren Blatt Papier. Intuitives, lösungsorientiertes Erfassen der eigenen Fähigkeiten, eine Art Bestandsaufnahme. Aus positiven und negativen Erfahrungen heraus. Wo lohnt es sich weiter Energie hinein zugeben im nächsten Jahr und wo eher nicht? Was kann ich verbessern und was lasse ich lieber. Alles findet Platz auf diesem Blatt Papier. Bitte gut aufbewahren bis zum nächsten Jahr!

● Mahlzeit! Interview mit einem Kantinenchef

Karl Heinz Lutsch, vielen Dank, dass Sie sich die Zeit für dieses Interview genommen haben. So haben wir auch mal die Gelegenheit ein wenig hinter die Kulissen einer Essensausgabe zu schauen. In meiner Schüler- und Studentenzeit habe ich das ein ums andere Mal als Aushilfe in Kantinen gearbeitet und wenn ich nicht gerade an der heißen Spülmaschine arbeiten musste, hat es mir viel Spaß gemacht. Besonders interessant und lehrreich empfand ich die Unterschiede in der Führung, den Umgang mit den Nahrungsmitteln und nicht zuletzt auch die Stimmung. All dies war in der Hauptsache abhängig vom Chef. Das war dann entweder auch der Koch oder, bei größeren Kantinen ein Kantinenleiter, in seltenen Fällen nur gab es eine Kantinenleiterin. Was ich, als Nordlicht, besonders reizvoll finde, ist, dass es hier um einen Betrieb im tiefsten Süddeutschland geht, bestimmt gibt es Brezen zum Frühstück?

K: Karl Heinz, Ihre genaue Berufsbezeichnung ist Betriebsverpflegungsleiter, wie Sie mir schon mitgeteilt haben und Sie arbeiten in einem Betrieb der Linde AG in Schalchen. Bestimmt fällt man als Betriebsverpflegungsleiter nicht vom Himmel, was haben Sie gelernt und wie war ihr Weg dahin?
KH: Nun, zuerst war da die Lehre als Koch und der Abschluss mit Auszeichnung und dann der Abschluss an der Gastronomie-Berufsfachschule. Es folgten lehrreiche Wanderjahre als Koch und Küchenchef durch die Gastronomie in Süddeutschland.
K: Ich habe vorab schon mal in Ihren Lebenslauf geschaut und dort auch etliche Auszeichnungen und Weiterbildungen entdeckt?
KH: Ja, für mich muss es immer weiter gehen, immer neue Ziele vor Augen, neue Erfahrungen machen, das ist für mich sehr wichtig!
K: Seit wann arbeiten Sie bei Linde und wie setzt sich Ihre Kundschaft dort zusammen und vor allem, wie viele Menschen müssen Sie täglich satt kriegen?
KH: Seit 91 bin ich bei der Linde AG. Insgesamt sind es täglich ca. 200 Mitarbeiter. Davon bestimmt nur 5% Frauen, der Rest sind Männer und die meisten davon arbeiten körperlich. Vielleicht 1/3 Büroarbeiter.
K: Berücksichtigen sie dies auch bei den Portionen? Bei der Zusammenstellung der Gerichte, achten Sie da auf die Kalorienanzahl, auf die Nährwertzusammenstellung Kohlenhydrate, Fett, Eiweiß?
KH: Bei uns portionieren die Kunden selber, also ist eine Kalorien oder Nährwertberechnung gar nicht möglich. Ich betreibe Aufklärungs-, Schulungsarbeit nebenher. Ich hatte früher mal fest definierte Portionen, aber nein, das kam gar nicht gut an und das ist für meinen Umsatz schlecht!
K: Wie sieht denn so ein Arbeitstag als Betriebsverpflegungsleiter aus, Karl Heinz?
KH: Arbeitsbeginn ist um 6:50h. Zunächst die Vorbereitung für das Frühstück, d.h. also 300 Brezen backen, dann ab 8:15h portionieren der warmen Brotzeit, Leberkäse, Braten, Würste für die Kunden und für besondere Anlässe unserer Mitarbeiter.

K: aha, schon ein deutlicher Unterschied zu unserem Angebot hier im Norden.
KH: ...danach die dazugehörige Ausgabe und Abrechnung. Dann bis kurz vor Mittag die Überwachung der Essenszubereitung, Essensplanung für die nächste Zeit, Mitarbeitergespräche, Bestellungen, Lieferantenverhandlungen, Besprechungen, Automatenverwaltung, Kassenprogrammierung, Kalkulationen, Angebots-erstellungen, Betreuung des bargeldlosen Zahlungssystems und so weiter. Ab 11:40h bis 12:35h ist dann Essensausgabe. Überwachung, dass ständig nach produziert wird und möglichst keiner zu lange wartet; Kontrolle der Temperatur der Waren; wir braten Kurzgebratenes während der Ausgabe-Zeit immer frisch, es werden nur geringe Mengen warm gestellt, Speisen immer zwischendurch frisch regeneriert, gedämpft. Um 12:40h holen dann die Tachertinger Hauptschule und unser Kindergarten das Essen für die Mittagsbetreuung ab.
K: Wie kam es denn zu dieser interessanten Zusammenarbeit?
KH: Unser Pfarrkindergarten und die Hauptschule wählen aus dem Speiseplan aus und geben dann vormittags Bescheid was und wie viele Portionen sie brauchen. Der Schulbus-Dienst der Gemeinde macht das mit und holt bei uns ab. Die Bezahlung ist einmal monatlich je bezogenen Portionen zu einem etwas günstigeren Preis. Mir kam die Idee im Gespräch mit dem Pfarrer und Rektor hier im Dorf.
K: Das ist ja eine gute Idee gewesen und gleich umgesetzt, Respekt! Aber ich habe Sie im Tagesablauf unterbrochen ...
KH: Ja, also von 13:00h bis 13:30h haben wir dann Mittagspause. Danach erledige ich Büroarbeit. Schaue nach, dass mein Personal für den folgenden Tag Ware bereitstellt, Automaten befüllt, für die Brotzeit aufdeckt, spült und alles sauber macht. Im Normalfall ist um 14:50h Schluss. Ab und an gibt es Sonderveranstal-tungen, wo es bis nachts rund geht. Zum Beispiel Jubilar-Ehrungen mit Menüs für bis zu 400 Personen. Einmal hatte ich ein Fest-Menü für 1200 Personen im Werk zu organisieren, mit Zeltaufbau, am folgenden Tag dann „Tag der offenen Tür“ mit 8500 Besuchern.

K: Eine logistische Herausforderung! – Wie viele Gerichte stehen denn alltags zur Auswahl?
KH: Montag bis Donnerstag immer mindestens zwei, Freitag ein Gericht. Täglich gibt es Salatbuffet und zur Wahl, Salatteller einmal als Hauptgericht oder als Beilage. Sonderwünsche wie „ohne Milcheiweiß“, „Vegetarisch“ „ohne Fleisch“ gibt es auf Vorbestellung. Ich stelle immer einen aktuellen Speiseplan ins Linde Intranet und Internet.
K: Was unterscheidet dann die beiden Gerichte? Also gibt es ein einfaches und ein anspruchsvolleres, ein vegetarisches oder kalorienreduziertes?
KH: es gibt eines mit Fleisch und das Zweite ist dann eher Gemüse oder eine Mehlspeise. Die Akzeptanz dieser Gerichte: 4/5 zu 1/5. Der Preis unterscheidet sich nur über Portionsgröße.
K: Was steht Ihnen pro Gang für ein Budget zur Verfügung? Und wie viel bezahlt der Mitarbeiter pro Gericht und übernimmt die Firma einen Teil davon?

KH: Wir rechnen einen Durchschnitt übers. Jahr von 2 Euro netto für Lebensmittel. 3,40 Euro kostet die Hauptkomponente mit Beilage, also zum Beispiel Schnitzel mit Kartoffelsalat, 3,80 Euro dann mit Nachtisch und Suppe oder Fruchtsaftschorle. 4,50 Euro kostet die Großportion „all inclusive", aber mit nur einer Hauptkomponente, sprich, es gibt nicht 2 Schnitzel ;-) Die Kosten zur Produktion eines Essens betragen ca. 8 Euro, den nicht erwirtschafteten Anteil trägt die Firma also ca. 50%

K: Kommen Sie gut mit ihrem Budget klar? Sind Sie am Einkauf direkt beteiligt?

KH: Zweimal: Ja!

K: Kaufen Sie bewusst saisonal, regional?

KH: Ja, unbedingt.

K: Wie oft ändern Sie den Speiseplan? Wie oft nehmen Sie neue Gerichte hinzu? Wie groß ist der Wiederholungszeitraum der einzelnen Gerichte?

KH: jede Woche gibt es einen anderen Speiseplan. Natürlich müssen sogenannte „Renner" alle drei Wochen drauf stehen

K: Nutzen Sie viele Fertigprodukte und falls ja, welche?

KH: Natürlich verwenden wir Convenience Food, also arbeitserleichternde Essenszutaten; ich sehe geschältes Gemüse, portioniertes Fleisch nicht als Fertigprodukt; es wird von uns zubereitet und individuell abgeschmeckt. Es gibt kein Essen aus der Dose, wir wärmen nichts an Fremdprodukten auf!

K: Bei welchen Gerichten ist der Ansturm der Mitarbeiter am größten? – ich glaub ich weiß die Antwort schon.

KH: Currywurst, Schnitzel paniert, Schweinebraten, Pommes frites ...

K: Mit welchem Gericht haben Sie am meisten Stress in der Küche?

KH: Stress gibt es nicht, gut geplant ist halb gekocht!

K: Welcher Typ Küchenchef sind Sie?

KH: Ruhig, vorausplanend

K: Ein Mitarbeiter kritisiert Ihr Essen, wie reagieren Sie?

KH: Ich versuche zu erklären, warum das so ist. Wenn es für die Masse gilt, wird es sofort geändert; wenn es nur für Ihn ist, versuchen wir den Wunsch zu erfüllen

K: Welche Mitarbeiter sind Ihnen die Liebsten?

KH: mit denen ich reden kann, die nicht einfach weg bleiben

K: Welche Ihrer Charakter Eigenschaften kommt in Ihrem Beruf am besten zum Tragen?

KH: meine Kompromissbereitschaft

K: Auf welchem Gebiet in der Küche, wachsen Sie über sich hinaus?

KH: bei der Organisation

K: Was dulden Sie in Ihrer Küche überhaupt nicht?

KH: unsauberes Arbeiten

K: Was essen Sie am liebsten?

KH: Krebse, Muscheln, Rindersteaks

K: Kochen Sie auch privat gern?

KH: für Gäste schon, für mich eher nicht

K: Gehen Sie gern auswärts essen?
KH: Ja, je nach Saison gibt es Lokale die ich wegen des Wildangebotes besuche, dann solche mit Fisch, im Biergarten dann natürlich zum Weißbier Weißwürste – gehe also nicht wegen dem Hunger oder weil ich keine Lust habe was zu kochen, sondern um mit Genuss die Gerichte der Kollegen zu würdigen.
K: Wenn Sie in allem, was Ihre Arbeit betrifft so schalten und walten könnten, wie Sie wollten, was würden Sie ändern, einführen oder abschaffen?
KH: Die „Freiheit" habe ich mir bereits erarbeitet: Kochen muss ich immer so, wie es meine Kunden wollen. Ansonsten ist kein finanzieller Erfolg möglich. Die Akzeptanz muss stimmen. Wie gesagt, Dialog mit dem Kunden. Und: Stillstand ist Rückschritt, es gibt immer was Neues zum Testen! Habe z.B. die Kassen ohne Kassier eingeführt, bargeldlose Bezahlung, Kunden bedienen sich und portionieren selber usw. Habe nur noch einen Vollzeit-Koch, eine Teilzeit-Köchin und eine Frau in Vollzeit als Mädchen für alles. Es funktioniert und der Betrieb wird immer noch in Eigenregie der Firma Linde betrieben, was heute nicht mehr ganz selbstverständlich ist!

K: Stimmt, immer mehr Betriebe vergeben Ihre Kantine aus Kostengründen an Fremdfirmen. Die Linde AG in Schalchen kann sich glücklich schätzen einen so engagierten „Küchenchef" zu haben. Wenn ich da nur an Ihre Versorgungsidee für Schule und Kindergarten denke, vielleicht regt das ja zur Nachahmung an! Vielen Dank noch mal Karl Heinz und weiterhin viel Spaß und Erfolg beim Organisieren!

- **Eine Schnitte für den Erfolg**

Es gibt Menschen denen möchte ich reflexartig eine dicke Scheibe frisches, duftendes Brot in die Hand drücken oder einen Teller Spaghetti vor die Nase stellen. – Nicht, was Ihr jetzt vielleicht denkt! Ja, gibt es viele Bedürftige unter uns, die leider nicht jeden Tag satt werden und froh wären, eine Scheibe Brot oder einen Teller Nudeln zu bekommen. Nein, ich meine Menschen, die alles andere als mittellos sind. Sie sind eher im Wohlfühlbereich unserer Gesellschaft anzutreffen und bei den Erfolgreichen aus Show-Bizz und Business. Es sind Menschen, die wirken wollen, die zielstrebig und erfolgreich sind, charmante Leistungsträger, sie denken lösungsorientiert, sind jung oder jung geblieben und auf jeden Fall fit und gesundheitsbewusst. An sich alles keine schlechten Eigenschaften! Wenn da eben diese Scheibe Brot nicht wäre. Es ist auch nur so ein Gefühl von mir, ein Reflex. Bestimmt würden diese Menschen mir Neid unterstellen, wenn sie es sich nicht verböten, weil sie ja tolerant sind und gerade gegen Kritik aus dieser, meiner Richtung nur mitleidig lächeln würden.

Wie gesagt alles tolle Eigenschaften. Wer mag solche angenehmen Menschen nicht gern um sich haben. Ok, ich komme zum Punkt.

Ich musste einige Tage darüber nachdenken, warum das so ist, woher dieses Mangel-Gefühl kommt, dass ich bei manchen Menschen, quasi für sie mitempfinde. Ihr kennt diese Art der Empathie vielleicht vom Fremdschämen?

Ich fühle für sie den Mangel an Kohlenhydraten. So sachlich würde das wohl ein Ernährungscoach ausdrücken. Aber ein Scheibe Brot, ein Teller Nudeln, eine Schale Reis, das sind nicht nur Kohlenhydrate: das ist Erdung, Bodenhaftung, Sinnlichkeit und vor allem gut verfügbare, pure Energie für einen klaren Geist.

Fast habe ich das Gefühl, dass sich einiges von diesem Mangel bereits in unserer Gesellschaft widerspiegelt. Das Fatale daran ist, das bereits viele, die nicht zu diesem Vorzeige-Typus gehören, nun ebenfalls versuchen, durch zeitweisen oder gänzlichen Verzicht auf Kohlenhydrate schlanker, fitter und erfolgreicher zu werden.
Ich halte diese Entwicklung für fragwürdig, eher ungünstig! Deshalb muss ich diesen Beitrag hier schreiben! Meine Bitte: Achtet auf Euch! Genießt die Scheibe Brot! Auch nach Sechs Uhr abends. Pflegt und fördert Eure eigenen Fähigkeiten, denn Ihr seid unvergleichlich! Unsere Gesellschaft braucht Euch, mit Bodenhaftung und allzeit bereit für geistige Höhenflüge! Für beides sind Kohlenhydrate unverzichtbar.

- **Das hat mich bewegt**

Meine erste Nia Stunde bei Barbara Lenke, die hat mich bewegt, wahrhaftig!

Ständig drängen neue Sportarten und Bewegungs- formen auf dem Markt, mithalten kann ich da schon lang nicht mehr.

Zufrieden und altbacken klebe ich seit Jahrzehnten mit abwechselnden Schwerpunkten an meinen Lieblingen: Tai Chi, Yoga und Laufen. Aber neue Trends, vorausgesetzt man benötigt keine besonderen technischen Geräte dazu, interessieren mich immer, zumindest theoretisch.
Durch Zufall, Twitter oder irgendein anderes Netzwerk bekam ich einen Youtube-Spot über Nia zu sehen. Gut vernetzt hatte ich schnell den lokalen Kontakt zu Barbara Lenke, einer lizensierten Whitebelt Nia-Teacherin aus Hamburg. Wir vereinbarten eine Schnupperstunden und schon kann ich Euch hier davon berichten. Fast noch mit dem Original-Nia-Schweiß an den Fingerkuppen.

Es ja kein Geheimnis, dass unser Körper, wenn er denn eine dauerhafte Wohlfühlform annehmen soll, bewegt werden will. Dabei ist es extrem wichtig, etwas zu finden, was einem persönlich passt und Spaß macht. Also ist es nur gut, dass es auf diesem Gebiet viele und immer neue Angebote gibt.

In normalem Wohlfühl-Trainingsoutfit hieß es, ab aufs Parkett! Zusammen mit 10 anderen bewegungswilligen Frauen ging es dann auch recht schnell zur Sache.

Es gab eine Aufwärmphase, ein Hauptthema, eine „Routine“ und eine Cool-down Phase. Dazu immer passende und mitreißende Musik, eine Mischung aus Ethno, Funk, Chill und Jazz. Es galt einige Schrittformen zu koordinieren und zwischendurch gab es immer wieder Free Dance Phasen.

Nach dieser Stunde kann ich sagen, ich habe mich bewegt und zwar jeden Muskel und jedes Gelenk! Von innen massiert und von außen trainiert! Ich habe geschwitzt und fühlte mich angenehm ausgepowert nach dieser Stunde. Bestimmt werde ich Barbaras Nia-Stunde noch einmal besuchen, aber jetzt soll sie hier erst einmal selbst zu Wort kommen, denn ich habe, neugierwissensdurstig wie ich bin, doch noch einige Fragen zum Thema.

K: Schön, dass ich Dich (aus)fragen darf, Barbara! Wann hast Du das erste Mal von Nia gehört? Berichte mal von Deiner ersten Begegnung mit Nia.

B: Das war ein großer, glücklicher Zufall: in einem Fitnesscenter konnte ich eine Nia-Stunde mitmachen. Ich war sofort begeistert: Als wenn diese Stunde für meinen Körper choreographiert worden wäre! Ich habe gelacht und geweint, mich ausgetobt und entspannt. Alles war da.

K: Wann und warum hast Du beschlossen, eine Ausbildung zur Teacherin zu machen?

B: Es gab viele unterschiedliche Gründe für mich, die Ausbildung zu machen. Ich bin ja keine Fitnesstrainerin, sondern Pädagogin und Gestalttherapeutin und habe zunächst nicht daran gedacht, Nia auch zu unterrichten. Ich wollte die Ausbildung vor allem für mich selbst nutzen und mehr über Nia erfahren. Ich dachte allerdings auch, dass ich einige der energetisierenden Übungen für meine Elterntrainings nutzen könnte, in denen sich die Eltern den ganzen Tag mit Fragen zur Erziehung beschäftigen. Das ist oft anstrengend und Auflockerung und neue Energie wichtig.

K: Wie ist da die Vorgehensweise bei der Ausbildung, gibt es Stufen, Gürtel oder Zertifikate?

B: Ja, im Nia gibt es unterschiedlich Grade, die du erwerben kannst, die „Belts“. Ich habe zunächst den White-Belt erworben. Sobald ich mindestens ein Jahr Erfahrung habe, kann ich den Blue-Belt machen. Und wenn ich mag, noch den Brown- und Black-Belt.

K: Gibt es da einen speziellen Vertrieb (ev. Strukturvertrieb) dahinter oder kannst Du, nachdem Du die Trainerlizenz hast, ganz eigenständig damit werben und arbeiten?

B: Ich finde, das ist beim Nia sehr gut geregelt: ich habe eine Lizenz erworben, die mir unter Berücksichtigung einiger Richtlinien das eigenständige Unterrichten und Bewerben meiner Kurse erlaubt und mich gleichzeitig im Marketing unterstützt.

K: Was heißt Nia oder wofür steht es?

B: Nia heißt „Neuromuscular Integrative Action“ und ist ein ganzheitlicher und besonders gelenkschonender Ansatz, der es Personen aller Alters- und Fitnessstufen erlaubt, effektiv und mit Spaß die eigene Form zu verbessern. Über all dem steht das erste und wichtigste Prinzip im Nia – die Freude an der Bewegung. Fans sagen auch, dass Nia für „Now I Am“ steht.

K: Wo kommt Nia her und wer hat es erfunden?

B: Die „Erfinder“ von Nia sind Debbie und Carlos Rosas aus Portland, USA. Auslöser für die Entwicklung von Nia war, dass Carlos als Fitnesstrainer bereits in jungen Jahren an chronischen Gelenkschmerzen litt. Die Beiden gingen auf die Suche, forschten und kreierten in den 80er Jahren dieses innovative Fitnesskonzept. Alles begann damit, dass sie die Schuhe auszogen und barfuß tanzten....

K: was ist das Ziel, der Spirit von Nia?

B: Der Spirit ist: Freude an der Bewegung. In Amerika gibt es den Slogan: Through movement we find health. Und, was ich von mir sagen kann ist, ich gesunde auf jeder Ebene meines Seins.

K: Wie baust Du eine Stunde Nia auf?

B: Jede Stunde enthält verschiedene Elemente der einzelnen Bewegungsformen, die Eingang in Nia gefunden haben, z.B., Modern Dance, Jazz Dance, Yoga, Feldenkrais , Tai Chi und Taek Won Do, letzteres bringt vor allem das Kraftvolle in Nia hinein. In dem Workshop, den du mitgemacht hast, sind dir vielleicht die vielen Drehungen aufgefallen: das waren Elemente aus dem Aikido, der Kunst, harmonisch mit der Energie in dir und der deiner Umgebung zu verschmelzen.

K: Was ist das für Musik, die Du dazu spielst? Hast Du sie selbst ausgesucht oder gibt es spezielle Nia-Musik?

B: Zu jeder Routine (klassiche Nia Stunde), die Debbie oder Carlos entwickelt haben, haben sie auch die passende Musik ausgesucht.

K: Wem würdest Du Nia empfehlen?

B: Jedem. Im Ernst: Jeder kann es tun. Das ist auch das, was mich so begeistert. Ich baue in Hamburg gerade eine Gruppe auf, die aus Frauen ab 40 besteht, die Lust auf Fitness haben, sich in den herkömmlichen Fitnessstudios aber nicht so wohl fühlen. Nia macht einfach Spaß und erlaubt jedem, sich nach seiner Art und in seiner natürlichen Zeit zu bewegen. Das liegt auch an dem Prinzip der 3 Level: Jeder kann die Bewegungen nach seiner Lust und seiner Beweglichkeit auf seinem Level ausführen. Du entscheidest selbst, wie intensiv du die Bewegung machst.

K: Wie lange übst und trainierst Du Nia schon und was hat sich für Dich dadurch verändert?

B: Ich mache Nia jetzt seit 2 Jahren regelmäßig, 3-4 Mal in der Woche tanze ich in der Gruppe und bereite mich zusätzlich noch auf meine eigenen Stunden vor.

Für mich hat sich sehr viel verändert. Einmal natürlich körperlich: ich bin fitter, mein Körper ist insgesamt gestrafft, ich fühle mich gesund und stark. Nachdem ich jahrzehntelang unter starken Migräneanfällen gelitten habe, habe ich kaum noch Beschwerden. Aber auch in meinem Alltag und im Umgang mit Menschen habe ich mich verändert. Wir arbeiten in den Stunden viel mit Bildern und Gefühlsausdrücken, um die Bewegung zu unterstützen, zu energetisieren und kraftvoll werden zu lassen. Dadurch bin ich auch im Alltag ausdrucksstärker geworden, mein Bewegungsumfang hat sich erweitert, nicht nur auf körperlicher Ebene, auch emotional und mental. Nia begleitet mich in meinem Alltag.

K: Was sind Deine Zukunftspläne mit Nia?

B: Auf jeden Fall werde ich noch weitere Belts machen, um tiefer in das Konzept von einzusteigen. Ich werde weiterhin Kurse anbieten und andere Menschen mit meiner Begeisterung anstecken. Zurzeit arbeite ich auch an einem Konzept, Nia in meinen gestalttherapeutischen Ansatz im Coaching zu integrieren. Der Körperausdruck spielt in der Gestalttherapie wie in den ganzen humanistischen Therapieformen ja eine große Rolle.

K: Wenn jetzt jemand Appetit auf Nia bekommen hat, wie und wo können sich Interessierte in ihrer Region informieren?

B: Ja, Appetit! Nia ist wie Schokolade: man kann es nicht beschreiben, sondern muss es schmecken. Es macht mir Spaß, über Nia zu reden, aber etwas darüber erfahren kannst du erst, wenn du es ausprobierst. Auf www.Nianow.com findest du eine Liste aller Trainer und auch der Workshops und Kurse, die auf der ganzen Welt angeboten werden. Leider gibt es noch nicht in allen Regionen Nia.

K: Prima, jetzt hast Du meine ersten schönen Erfahrungen mit Nia, in der Theorie ergänzt und positiv bestätigt! Vielen Dank, Barbara!

● Madeira, kulinarisch aufgespießt

Wie das Essen auf Madeira war? – Also Madeira ist erstmal eine Trauminsel! Allein die Vegetation dort, alles, was bei uns auf Fensterbänken und in Wintergärten mühsam gehegt und gepflegt wird, wächst und wuchert dort wie wild. Wälder voller Eukalyptusbäume, Lorbeerbäume oder Maronenbäume. Bananenbäume und Zuckerrohr in den Gärten und alle unsere 70er Jahre Zimmerpalmen am Straßenrand. Ach ja, ich wollte ja über das Essen, genau:
Auf dem Markt in Funchal gibt es eine riesige Auswahl exotischer Früchte, bestimmt die Hälfte davon waren mir völlig unbekannt. Auch Gemüse, Weißkohl, viele Kartoffelsorten, Süßkartoffeln, Bohnen, Knoblauch und Rübengemüse gibt es an den Ständen. Nicht zu vergessen eine große Fischmarkthalle und unzählige Blumenstände.

Essen waren wir dann natürlich auch. Jeden Tag sogar, manchmal sogar zweimal am Tag. – Was soll ich sagen, es war ... irgendwie ... nicht so einfach.

Dort hinein gehuscht, wo es ganz nett aussieht und viele Menschen sitzen, das allein erwies sich schon mal als ganz schlechter Ratgeber. Schnell hatten wir raus, dass geschmacklose Erbsen und Möhren, gründlich weichgekocht, zusammen mit geschmacksfreien Kartoffeln zum Standard gehörten. Unglaublich, wer isst so was? Ohne Fett, Gewürze, Kräuter, nur in Salzwasser weichgekochtes Gemüse? Ich war einigermaßen verblüfft, echt!

Bolo do Caco hingegen, ein frisches Brot (der Teig aus Weizenmehl und Süßkartoffeln) mit Knoblauchbutter erwies sich fast durchgehend als einzig geschmackvoller Anker in vielen Restaurants.

Damit das klar ist, wenn ich hier so von meinen Gastro-Erfahrungen berichte, rede ich nicht von der gehobenen Gastronomie, die es natürlich auf Madeira gibt. Ich mag es bodenständig. Mich interessiert in fremden Ländern und Regionen was man dort allgemein isst, zu Hause und in kleinen, gängigen Restaurants und Gaststuben für alle.

Der Fischesser und der Fleischesser, die kommen hier doch wenigstens voll auf ihre Kosten? – Ja, klar! Man findet auf Empfehlung oder nach eifriger Suche kleine Restaurants, wo auch die Einheimischen am Wochenende vor der Tür Schlange stehen um dort einen Tisch zu bekommen. Hier kann man frischen Fisch oder wer mag, auch Fleisch, am besten gegrillt, genießen. Natürlich schmeckt das auch, eben wie überall am Meer, wo man frischen Fisch und Meeresfrüchte genießt!

Doch die Beilagen sorgen auch in diesen Restaurants für wenig Aufregung. Was ist mit all den Kräutern und Gewürzen die ich auf dem Markt gesehen habe? Fast scheint es, als wäre die ganze Inspiration zusammen mit den allgegenwärtigen Fleisch- und Fischteilen (Espetada und Espada) aufgespießt.
Überhaupt, diese riesigen Spieße auf oder am Esstisch: dick und oft einen Meter lang, dominant und fast bedrohlich hängen sie, gleich Kaminbesteck in ihren Ständern auf den Tischen oder die Spieße werden von den Kellnern auf den Teller gerammt, der dann das Essbare mit einem Riesenzinken herunter streift. Mich machen diese brutalen Gerätschaften bei Tisch eher nervös.

Sämtliches Gemüse, egal ob Kraut, Bohnen, Erbsen oder Möhren kommen weichgekocht und ungewürzt auf den Tisch. Ach, das erwähnte ich schon?
Selten habe ich im Ausland so durchgehend einfallslose Zubereitungen der Speisen vorgefunden. Ist das der lange Einfluss der Engländer, erst als Händler, dann als Touristen? Das Verwegenste scheint noch die gebackene Banane zu sein, die man dem dort häufig servierten Degenfisch beilegt.

Im Landesinneren gibt es Maronenwälder und in dieser Gegend wird eine Kastaniensuppe serviert, die fast begeistert hätte, wenn sie nicht immer wieder mit so viel Speck malträtiert worden wäre.

Der sanfte Maronengeschmack hatte so kaum eine Chance.

Gutgelaunt stimmten mich die kleinen Kaffeepausen: fast durchweg gab es köstlichen Bica (Espresso) und backfrische, kleine Pudding- oder Quarkteilchen dazu, die Natas!

Kurzum, diese Insel ist ein Schlaraffenland im Dornröschenschlaf. Es versteckt die kulinarischen Höhepunkte gekonnt und hartnäckig vor dem Normalbürger und – touristen.

Aber gern werde ich dort beizeiten wieder vorbeischauen und hoffnungsfroh weitersuchen, nach kulinarischen Anregungen für Gaumen und Kochtopf.

● Voll fett, mein Frühstück

Da liegt wieder etwas in der Luft. Ich spüre es! Noch sind die einschlägigen Zeitungen mit der WM beschäftigt, aber sobald sie in die Saure-Gurken-Sommerzeit eintauchen, bekommen wir unser Fett weg, wetten?
Ah, da ist sie auch schon, die Schlagzeile, in kopfgroßen, schwarzen Lettern lautet der Titel: Fit durch fettes Frühstück! Daneben ein Farbfoto mit verheißungsvoll, fetttriefenden Würsten und Schinken.

Oberflächlich fettig, die Hintergründe dazu mag sich der tiefer Interessierte aus den Fachbüchern erarbeiten. Der logische Gesamtzusammenhang bleibt wieder irgendwo zwischen Würstchen und Speck stecken, was schade ist. Der Leser liest gern, was ihn bestätigt, oft reicht das aus.

Nun aber zum ernsten Kern der Sache. Grundlage ist mal wieder eine Studie an unseren kleinen Nagetieren. Nein, dieses Mal waren es keine Ratten sondern Mäuse.

Demnach programmiert die erste Mahlzeit des Tages den Stoffwechsel für den Tag. Ist diese Mahlzeit sehr fettreich, so hat man festgestellt, dass die weitere Energiezufuhr des Tages flexibler, in Bezug auf Verbrennung und Speicherung der zugeführten Nährstoffe, verstoffwechselt werden kann. Dies hat sich günstig auf das Gewicht der Mäuse ausgewirkt. Man vermutet ähnliche Auswirkungen auch bei uns Menschen. Untersuchungen dazu laufen.

Im Grunde klingen diese Studienergebnisse für mich durchaus beachtenswert. Immerhin holen sie alt bewährte Empfehlung wieder ans Licht: „Frühstücke wie ein König, esse zu Mittag wie ein Edelmann und abends wie ein Bettelmann.“

Das heißt nun aber nicht, dass fette Wurstwaren und Co auf einmal zu hochwertigen, natürlichen Nahrungsmitteln werden.

Wir müssen unser leckeres Müsli nun nicht durch fette Kuchenteile, Würstchen und Speck ersetzen. Aber vielleicht greift der ein oder die andere nun wieder sorgloser und stressfreier zum Vollfettjoghurt, zur Rohmilch, zur Sahne oder zu einer leckeren Nussmischung! Vielleicht ermutigt sie nun einige unter uns, auf ihrem Buttercroissant, wenn schon, denn schon, lieber die gute Butter statt Halbfettmargarine (grusel) zu schmieren.

Es gibt so unendlich viele gute Fettquellen, dass wir Burger, Wurst, Schinken und Speck beim Frühstück auch gern weiter als Ausnahmesituation betrachten können. Fettreiche Alternativen gefällig? Wie wär´s mit Antipasti, mit einem Kräuter- oder Krabbensahnerührei, einer Avocadocreme, fetten, griechischen Joghurt, graved Lachs, Forellenfilet aus dem Rauch oder eine leckere Nussmischung ins Müsli. Am allerwichtigsten ist es immer noch, die erste Mahlzeit des Tages zu genießen!

• Eine kleine Tomatologie

Auf geht's mit genugda in die Woche der kleinen Tomatologie. Nachfolgend eine Ansammlung feinster Tomatessen, versprochen!

10 Wahrheiten über die Tomate

Die Tomate ist eine Frucht (botanisch; Beere).

Die Tomate ist ein Gemüse (vom US-Supreme Court 1893 zum Gemüse erklärt).

1692 tauchte die Tomate zum ersten Mal in einem italienischen Kochbuch auf.

Der botanische Name Solanum Lycopersicon esculentum, das heißt wörtlich übersetzt „essbarer Wolfspfirsich".

Die Italiener nennen sie pomo d´oro, goldener Apfel, denn die ersten Tomaten in Europa waren goldgelb.

Das Alkaloid Tomatin ist giftig. (es sitzt hauptsächlich in Wurzel, Stängel und Blättern, aus der Frucht verschwindet es mit der Reifung).

Lykopin ist für die Röte der Tomaten zuständig. Es wird ihm eine krebshemmende Wirkung zugesprochen.

Lykopin wird am besten in der gekochten Variante mit Fett (Olivenöl) aufgenommen (Tomatenmark, Tomatensoße, Tomatenketchup).
Beim Reifen entsteht Tyramin, ein Stoff gegen Stimmungsschwankungen.

Es gibt auch schwarze Tomaten, sie sind eigentlich dunkelaubergine und stammen ursprünglich aus Osteuropa.

Mal so gesehen und notiert:

Alle Kinder lutschen Eis, nur nicht Beate die schmatzt Tomate!
****

Aus Etamot da wird ganz flott,

Vorausgesetzt

Man dreht es um:

Tomate
****

tomatös ist ...

... ein Tomatenfleck

... der Zustand nach dem Genuss von Tomatenblättersalat

... der Genuss unreifer Tomaten

... der übermäßige Genuss vollreifer Tomaten
... ein rotes, rundes Ereignis
****

Tomaten-Kurz-Krimi

Eines Morgens, im Juli werde ich wach. Alle meine Tomaten sind weg. Das waren so kleine, rote, runde, ...alle weg!

Das konnten nur die bösen Tomatidos gewesen sein.

Sie haben meine Tomaten entführt.

Schnell bin ich los meine Tomaten zu befreien!

- kurze Zeit später -

Ich bin zurück und hab sie wieder!

Es war ein leichtes Spiel, denn die bösen Tomatidos hatten alle Tomaten auf den Augen.

und:

Ich sitze im Garten

ganz achtsam

vor den Tomaten
und warte
auf ihr sanftes Erröten,
es ist an der Zeit
es scheint mir von Nöten.

Auf geht´s zu den gesammelten Tomatessen:

Im Netzwerk rundgefragt gab es einige Lieblingsrezepte von eifrigen Twitter- und Facebook-Usern:

Kirschtomaten aus der Pfanne

Zutaten für 4 Personen:

20g Zwiebeln, 400g Cherrytomaten, 2 TL Butter, 3 EL saure Sahne, Salz, Pfeffer und Basilikum -

Die Zwiebeln pellen und fein würfeln. Die Tomaten waschen. Die Butter in einer Pfanne zerlassen und die Zwiebelwürfel kurz anschwitzen. Anschließend die Tomaten zugeben und unter Wenden so lange garen, bis die Schale anfängt aufzuspringen. Saure Sahne zugeben und mit Salz und Pfeffer abschmecken. Vor dem Servieren frisch gezupften Basilikum zugeben. Alternativ zu saurer Sahne süße Sahne oder Schmand verwenden.

Danke für dieses Rezept Susanne Hagedorn

Tomatentarte

Für den Boden brauchst du
200g Dinkelmehl (anderes geht natürlich auch), Salz, schwarzen Pfeffer, 100g Butter, 1 Ei, 150g Feta (Gorgonzla schmeckt auch gut), 200 g Frischkäse, 750g Tomaten, 5 Scheiben Bacon oder anderen Schinken, den du magst

Zubereitung …

Mehl, ½ TL Salz, Butter, 1 Ei und evtl. 1-2 EL Wasser zu einem glatten Teig verkneten. Zudeckt 30 Min. in den Kühlschrank stellen.

Feta zerbröseln und mit Frischkäse verrühren, mit Pfeffer abschmecken. Tomaten in Scheiben schneiden.

Tarteform fetten (DM ca. 26 cm). Teig ausrollen auf etwa 30 cm Durchmesser.

Tarteform damit auslegen. Evtl. überstehende Ränder abschneiden.

Fetacreme auf dem Boden verstreichen. Tomaten dachziegelartig darauf verteilen. Mit Salz und Pfeffer würzen.

Im vorgeheizten Backofen (200 Grad, Umluft 175 Grad) auf der unteren Schiene ca. 30-40 Minuten backen.

Bacon in Streifen schneiden, knusprig braten und auf der Tarte verteilen. Mit Oregano (frisch) oder Basilikum bestreuen. - Bon Appetit!

Danke für dieses Rezept Heidrun Lutz

Salsa Mexicana – die echte!

4-6 Portionen

4 große Strauchtomaten

2-3 frische grüne Chiles (oder Jalapeños in Essig eingelegt)

1 Zwiebel

2 Knoblauchzehen

1 Bund frischer Koriander

Salz, Pfeffer

etwas Zitronensaft

Zubereitung

Die Tomaten in kleine Würfel schneiden und die Zwiebel sowie den Knobi hacken. Die Chilischoten vorsichtig entkernen, den Koriander waschen und anschließend beides fein schneiden. Alles in eine Schale geben und vermengen. Mit Salz, Pfeffer und Zitronensaft abschmecken.

Tipp: diese rohe „Soße" wird in Mexiko reichlich auf und in Mais-Tortillas genossen. Sie passt aber auch ideal zu allem Gegrilltem und kann bereits am Vortag zubereitet werden – muss dann aber kühl stehen.

Mir schmeckt diese typisch mexikanische Soße auch bestens auf einer Scheibe Brot

Salsa Mexicana trägt ihren Namen aufgrund der Farbe der Zutaten – rot/weiß/grün – die mexikanische Flagge.

Vielen Dank für dieses Rezept Petra Helmreich aus Paraguay

Gazpacho! - Here we go:

1 gelbe Paprika

2 rote Paprika (keine grüne!)

2 Salatgurken

3 Dosen Tomaten

3 Knoblauchzehen

1 weiße Zwiebel

1 Chilischote (je nachdem, wie scharf man es mag)

4 Scheiben Toast- oder Weißbrot Ciabatta

Salz/Pfeffer/Tabasco

1. Schritt:

2 rote Paprika (keine grüne, sonst wird die Suppe braun!)

1 – 1,5 Salatgurken

3 Dosen Tomaten

3 Knoblauchzehen

1 weiße Zwiebel

1 Chilischote (je nachdem, wie scharf man es mag)

entkernen, grob schneiden und mit 3 EL Rotweinessig, 3 EL Olivenöl, Salz und Pfeffer in eine große Schüssel geben.

Währenddessen 4 Scheiben altes Toastbrot (einfach über Nacht an der Luft lassen oder schnell in den Umluftherd) 5 Minuten in Wasser einweichen, das Wasser ausdrücken und zu dem Gemüse geben. Alles pürieren, 3 Eiswürfel rein und mind. 1 Stunde richtig kalt stellen (je länger desto besser. Schneller geht's, wenn man das Gemüse schon mal durch gekühlt hat).

Vor dem Servieren die gelbe Paprika und eine halbe Salatgurke fein hacken und als Deko dazugeben,

2 Eiswürfel pro Teller und dazu Ciabatta o.ä.

Lecker mit Ajoli, Salzbutter oder einem Klacks Pesto in der Mitte – oder ohne alles.

Und wer KEIN Vegetarier ist, darf rohe Schinkenwürfel in den Gazpacho werfen.

Also: super einfach, herrlich gesund und erfrischend und ganz, ganz lecker!

Vielen Dank an Julia R. aus München

Tomaten Chutney

Wer in England war, kommt an den leckeren Chutneys und Relishes nicht vorbei, deshalb hier mal was anderes...bestimmt nicht super gesund aber lääääcker!

Dieses würzige und süß- saure Chutney eignet sich am Besten für kalte Mahlzeiten mit Biscuits, Brot, Käse oder Schinkensorten. Und mit einem Salatblatt schmeckt das Ganze noch besser!

Zutaten für 1,8kg (na dann haut mal rein...kann man haltbar abfüllen- keine Sorge) 900g Tomaten 225g Rosinen (es können auch getrocknete Datteln verwendet werden) 225g klein geschnittene Zwiebeln 225g extra feiner Zucker (geht sicher auch mit Honig, muss man ausprobieren) 600ml Malzessig (es geht auch Rotweinessig)

Zubereitung:

Tomaten klein würfeln und in einen Topf geben. Rosinen, Zucker und Zwiebeln dazu geben. Essig drüber schütten und das Ganze für 2 Stunden ohne Deckel köcheln bis die Masse schön dick und weich ist.

Das Chutney in angewärmte und sterilisierte Einmachgläser füllen und an einem kühlen und dunklen Platz für einen Monat ruhen lassen.

Das Chutney hält sich so für bis zu einem Jahr. Angefangene Chutneys im Kühlschrank lagern.

Und wer nicht alles alleine essen möchte, kann gerne ein oder zwei Gläser verschenken! Super Mitbringsel für Grill-Einladungen...

Vielen Dank für das Rezept Alexandra L. aus Starnberg

Tomate-Mozzarella an Spaghetti

500 g Spaghetti al dente kochen. in der Zwischenzeit

15 Cherrytomaten

2 Päckchen Mozzarella

2 Handvoll frisches Basilikum kleinschneiden, wer es liebt darf

1-2 Knoblauchzehen fein in Scheibchen geschnitten dazu tun

2 EL Balsamico-Essig

5 EL Olivenöl

Alles zusammen in eine Schüssel geben und mit Salz und Pfeffer abschmecken. Die fertigen Nudeln unterrühren... und fertig zum essen.....

Bei uns gab es dann schon Streit, dass nicht jeder genügend Tomaten und Mozzarella hat... aus diesem Grund richte ich es auf einen Teller an, also erst Nudeln drauf und dann das Zubehör. Es schmeckt auch später kalt....

Vielen Dank für das Rezept Karin Knorr aus Dortmund

Ich habe ein Verhältnis

Wann immer ich die Gelegenheit habe, mir direkt Ernte und Herstellungsprozesse eines Nahrungsmittels vor Ort anzuschauen, bin ich dabei!

Es fasziniert mich und gibt mir jedes Mal aufs Neue eine frische Portion Achtung und Wertschätzung für die Lebensmittel, die mich im Alltag satt und fröhlich machen.

Ich kann es nur empfehlen! Nutzt jede Gelegenheit, die sich bietet, Zeuge solcher Prozesse zu sein:

Schauen, staunen, probieren, mitmachen und fragen bis die Neugier gesättigt ist. Sehr gut geht das natürlich im Urlaub, hier hat man Zeit und Muße dafür! Ich habe festgestellt, Nahrungsmittel, die ich auf diese Weise kennengelernt habe, zu denen habe ich geradezu ein inniges Verhältnis.

Voller Wertschätzung und Achtsamkeit gehe ich damit in der Küche zu Werke und merke, wenn Olivenöl so klar und grün leuchtend in das weiße Schälchen fließt, wie ich automatisch beginne zu lächeln, fast als wäre ich verliebt.

Ähnliche Effekte rufen auch die Verarbeitung von selbstgeernteten oder selbst angebautem Gemüse oder Früchten hervor.

Man bekommt ein Gefühl für diese Nahrungsmittel und das wirkt sich im Umgang und beim Einkauf sehr positiv aus.

Gerade jetzt, wo es auf den Herbst zugeht, ist die Gelegenheit günstig, sich dieses Gefühl immer wieder zu verschaffen! Sei es durch selbstgepflückte Holunderbeeren, aus denen man Saft oder Likör machen kann; wilde Hagebutten für die Marmelade; eine Fahrt in die Weingegend zur Weinlese oder im November zur Olivenernte und -pressung nach Griechenland.

Letzteres habe ich vor kurzem erlebt, leider nicht genau zur Ernte. Aber ich habe die stolze Besitzerin einer kleinen Olivenplantage kennengelernt, Elefteria D., die Mutter einer Bekannten auf Rhodos. Sie strahlte über das ganze Gesicht, während sie mir dreisprachig von ihren Oliven erzählte und wir das Öl verkostet haben. Ein Foto-Streifzug durch die Olivenbäume rundete das kleine Abenteuer ab! 85 Bäume, alle zwischen 15 und 20 Jahre alt! Schönste Koronéiko-Oliven! Ungefähr 500 Kilogramm werden auch dieses Jahr im November in die aufgespannten Netze mit Stangen von den Bäumen geschlagen. Das ergibt dann rund 170 Liter feinstes, grünleuchtendes, klares Olivenöl, mit sanftem Olivenaroma! Das reicht für den Eigenbedarf ihrer Familie, für zwei Tavernen in der Nachbarschaft und ab und zu einmal für so begeisterte Gäste, wie wir es in diesem Jahr waren.

Wir haben unser kostbares Geschenk sorgfältig in einen kleinen Kanister gefüllt, in unsere Koffer verstaut und dann mit Spannung und Sorge die Ankunft unserer Koffer auf dem Gepäckband des Hamburger Flughafens erwartet.

Vor unseren Augen spielten sich bereits die fettigsten Szenarien ab. Gewürzt mit der Vorstellung, dass auch die Honiggläser, die rüpelhafte Behandlung am Flughafen nicht überleben würden. Zum Glück blieb alles heil!

Zu Hause haben wir das kostbare Grün dann in schöne, dunkle Glasflaschen gefüllt und mit selbst gemachten Etiketten versehen. Hach, einfach wunderbar! Auf jeden Fall habe ich jetzt wieder ein Verhältnis mehr!

- **Twezepte**

Kennt jemand Twitter nicht? - Mal ganz in Kürze:

Twitter ist eine Onlineplattform für kurze Mitteilungen von maximal 140 Zeichen, die man nicht für sich behalten kann oder möchte.

Es gibt ein gibt Menge Argumente dafür, genau so viele dagegen und wie so oft muss wohl jeder selbst für sich entscheiden, ob er Lust dazu hat.

Die Idee, ich wollte Rezepte sammeln, die man mit 140 Zeichen so verständlich darstellen kann, dass andere danach kochen können, Twezepte eben.

Auslöser für diese Idee ist das Hauptargument, mit dem ich täglich konfrontiert werde, bezüglich der Essenszubereitung: "Mir fehlt einfach die Zeit!" Kennt wohl fast jeder!

Es geht also um Twezepte (oder für die Nicht-Twitterer: 140-Zeichen-Rezepte). Die Regel: keine Verwendung von Fertignahrungsmitteln, nur 140 Zeichen lang und trotzdem verständlich!

Hier eine kleine Auswahl Twezepte, die mir getwittert wurden:

Speckwrf+geh.Zwb+Knob+Chilistreif.dünst.,4Ei+1Bd.Koriander.quirl.+würz. i.Pfanne.gebe,stocke.b.schwach.Hitze,stets v.Rand.zu.Mitte.schaben

Avocado aufschn. Fruchtfl. zerdr. u.m.Zitronensaft. beträufeln.200g Frischkäse unterheben u.m. Salz+ Curry abschmecken.

Penne kochen, Gurken fein würfeln u. in Schalotte andünsten, körn. Frischkäse dazu, Estragon, evt. schw. Oliven.

Spaghetti kochen, Olivenöl m.Knofi+Chili feingeschnitten in Pfanne andünsten,kl.Brokkoliröschen+Salz dazu, m. etw.Nudelwasser zuged. garen.

Zwieb,Knofi,Kürbis,Kartoff.&Lauch in Butter&O.öl dünsten, Apfel& 2Chilischoten dazu geben u.pürieren. Sahne dazu & Salz&Pfeffer würzen

400g Mehl; Brise Salz; 4 ganz. Eier verquirlen; ¾ l Milch dazu geben; 1h quellen lassen; flüssig. Teig mit Kelle in heiße Pfanne; 1x wenden.

Rohe Kartoffeln m. Schale vierteln, auf Backblech, würzen m. Curry + Pfeffer + Paprika + Salz, etw. Olivenöl drüberträufeln, 3/4 Std. backen

Bratäpfel mal anders: 4 Äpfel füllen m.Mischung aus 50g Müslimischung,100g Schmand u. etw. Honig.B.200°(vorgeh.)20-30Min. backen.

Pellkart.scheib+ in gedünst.Papr+Tom+Knobi+Zwbl.+Lachsschink-Stck. i.Auflaufform, Oliöl drüber, bis 30min/200grd.backofen-LECKER!

Fanta for kids - natürlich - ohne Zucker . 1/4 Apfelsaft, 1/4 Orangensaft, 1/2 Mineralwasser. Schon probiert?

Schwarzwurzel+zerdr. schw. Pfeffer+Saft 1/2 Limette+Slz+TL Rohrzucker dünsten, Flüssigk. reduz., aufmontieren+Granatapfelsamen zu Kartoffeln

2Eier+3Gelb+HandvollParmesan+MuskatSaPfOlivöl:verkleppern/250grGebratene Speckwürfel+SpaghettiInWarmeSchüssel.EiMasse drüber.SofortServieren!

Auf geschälte Pellkartoffel etwas Salz geben, dazu ein Stückchen Butter, abbeißen, und so weiter

1 kg Kürbiswürfel + Ingwer + Curry braten + 2 L Hübrühe 45 Min kochen, pürieren, 300 ml O-Saft, Salz/Pfeffer = Kürbissuppe

- **Finde Dein Suppenglück**

Bis zum Frühling dauert es noch elendig lang, warum sollte man sich die Zeit nicht etwas mit köstlichen Suppen verkürzen? So jedenfalls meine Idee. – Schließlich, wann immer das Thema auf „Suppe“ zur Sprache kommt, werden meistens verzückt die Augen verdreht, Erinnerungen an die Lieblingssuppe oder das letzte Suppenerlebnis tauchen auf, kurz, man steht einem weiteren Suppenfan gegenüber.

Kennen sie auch nur *einen* echten Suppenhasser persönlich? Ich glaube, ich nicht. Eventuell sind diese Suppenwochen ja auch mal eine Möglichkeit für mich, einen richtigen Vollblut-Suppenhasser kennenzulernen. Aber das nur nebenbei, denn natürlich soll es hier um Liebe gehen. Um die Liebe zu einer heißen Suppe zur rechten Zeit, um liebevoll zubereitete Suppen! Die Suppe als Seelentröster, Stärkung, Sattmacher und gustatorischer Menü-Opener.

Ich möchte hier alle Möglichkeiten der Zubereitung einer Suppe ohne Fleisch, Fisch und Brühe (Hefeextrakte etc.) in den Vordergrund stellen. Denn das ist eine wahrhafte Herausforderung, die viele gar für unmöglich halten.

Es gibt den begrüßenswerten Trend zu weniger Fleisch und oft höre ich, gerade bei der Suppenzubereitung: „Ja wie soll ich denn ohne Rinderknochen, Speck oder Karkassen, Geschmack an die Suppe kriegen?“ – Genau diesen Geschmack möchte ich unter anderem aufspüren und vorstellen.

Ansonsten bin ich offen für alle Suppen-Ideen und erkläre die genugda-Suppen-Wochen für eröffnet.

- **man nehme Feuer, Erde, Metall, Wasser, Holz ...**

...und koche ein 5-Elemente Süppchen! - Ein kurzes Interview mit Alexandra Jungblut

K: Schön, dass Du Lust hast, mir hier in meinen Suppenwochen, als Fachfrau der 5-Elemente-Ernährung, einiges aus Deiner Sicht zum Thema Suppe zu erzählen. Außerdem hoffe ich, Dir bei dieser Gelegenheit auch Dein Lieblings-Suppenrezept entlocken zu können. Alexandra Jungblut ist unter anderem Ernährungsberaterin nach den 5 Elementen. Alexandra, kannst Du in wenigen Sätzen zusammenfassen worum es in der 5-Elemente-Ernährung geht?

A: Bei der 5-Elemente-Ernährung steht das körperliche Wohlbefinden des Einzelnen im Mittelpunkt seines Handelns. Mit Hilfe von Nahrungsmitteln aus der Region, in der man sich aufhält und die nach Möglichkeit frisch zubereitet werden, soll der Körper genau das bekommen, was er in der jeweiligen Jahreszeit auch benötigt. Gerichte, die meist aus den Hauptbestandteilen Fett, Eiweiß und Kohlehydraten bestehen, werden beim Kochen mit Gewürzen und Kräutern veredelt und sind so wesentlich bekömmlicher, als wenn man z. B. Kartoffeln mit Quark ohne alles isst. Meist kommt beim Genuss von 5-Elemente-Gerichten ein wohliges Stöhnen aus der Tiefe des Bauches und ein zufriedenes Lächeln breitet sich über das ganze Gesicht aus! Das ist für mich das Ziel von Ernährung, ob ich mich jetzt ganz streng an die 5 Elemente halte oder nicht!

Die 5-Elemente-Ernährung geht aber noch einen Schritt weiter. Aus dem Wissen der traditionellen chinesischen Medizin betrachtet man die Wirkung der Nahrungsmittel auf den Körper:

- Nahrungsmittel haben eine thermische Wirkung (heiß, warm, neutral, kühl, kalt)
- Nahrungsmittel befeuchten oder trocknen aus
- Nahrungsmittel bauen Energie auf
- Nahrungsmittel wirken aufgrund Ihres Geschmacks direkt auf unsere Organe und deren Funktionskreise und somit auf die Gesundheit

Es ist einfach faszinierend sich mit all dem näher zu beschäftigen. Hier würde es wohl den Rahmen sprengen.

K: Was für eine Rolle spielen da Suppen?

A: Suppen sind von Natur aus wärmend und bauen schnell Energie auf. Sie sind bekömmlich, weil die Zutaten durch das Kochen nicht mehr so schwer zu verdauen sind und belasten den Körper nicht unnötig. Gerade diejenigen unter uns, die abnehmen oder entschlacken möchten, sollten verstärkt auf Suppen setzen. Denn Suppen sind ideale Schlank- und Fitmacher:

- Sie sind leicht verdaulich, weil alle Zutaten gekocht sind.

- Sie schmecken auch ohne mächtige und fette Zutaten.

- Sie sind nicht langweilig und bringen jede Menge Abwechslung auf dem Tisch.

- Man kann sie gut zur Arbeit mitnehmen und muss sie nicht einmal erhitzen, wenn man einen Thermobehälter nutzt.

K: Welche Suppen kennt man in der 5-Elemente Ernährung, gibt es eine bestimmte Art der Zubereitung?

A: In der 5-Elemente-Ernährung kennt man, genau wie beim alltäglichen Kochen, leichte Brühen, Suppen mit Gemüseeinlage, cremige Suppen, deftige und nahrhafte Eintöpfe. Die meisten Suppenrezepte lassen sich problemlos in 5-Elemente-Rezepte umschreiben.

K: Zu welcher Tageszeit genießt man eine Suppe am besten, auch morgens zum Beispiel?

A: Suppen kann man zu jeder Tageszeit genießen. Natürlich auch zum Frühstück.

Ich selbst fühle mich nach einer Suppe am Morgen bereit für einen anstrengenden Arbeitstag - voller Energie und schön aufgewärmt, was gerade im Winter sehr von Vorteil ist. Meine Konzentrationsfähigkeit ist ebenfalls merklich besser. Daher kann ich nur jedem empfehlen, morgens schon ein Süppchen zu löffeln. Wer es ganz früh noch nicht über sich bringt, nimmt einfach die heiße Suppe im Thermobehälter (manche kennen den noch unter „Henkelmann“) mit auf die Arbeit und genießt sie dann als zweites Frühstück.

Das Gute an Suppen ist ja, dass man sie vorkochen, einkochen und aufwärmen kann. Die meisten Suppen schmecken aufgepeppt mit frischen Kräutern wie Petersilie, Schnittlauch oder Basilikum am zweiten Tag auch noch gut. Geröstete Mandeln oder Pinienkerne machen sich übrigens gut in Cremesuppen.

K: Zum Schluss verrate mir doch bitte noch Deine Lieblingssuppe, Alexandra, am besten gleich mit Rezept.

A: Meine Lieblingssuppe ist eine Kürbissuppe:

Zutaten: 2 EL Öl, 2 Zwiebeln, 1 Hokkaido-Kürbis (ca. 1,2 kg), schwarzer Pfeffer, ½ TL Curry, 1 Prise Muskatnuss, 1 EL Sojasauce, 1 l Gemüsebrühe, 1 EL Weißweinessig, ½ TL Kurkuma, 100 Sahne oder Sojasahne, 20 g Kürbiskerne, geröstet, 2 Frühlingszwiebeln oder Lauch

Die Zwiebeln schälen und fein hacken, den Kürbis waschen und in kleine Würfel schneiden (die Außenhaut kann man beim Hokkaidokürbis mit verwenden). Die Frühlingszwiebeln (Lauch) in feine Ringe schneiden.

Zubereitung:

Öl in einem Topf erhitzen und die Zwiebeln darin glasig dünsten. Die Kürbiswürfel zugeben und mit Pfeffer, Curry und Muskatnuss würzen.

Die Sojasauce hinzufügen und alles mit Gemüsebrühe ablöschen. Weißweinessig und Kurkuma unterrühren. Danach ca. 30 Minuten köcheln lassen, bis der Kürbis ganz weich ist.

Danach wird die Suppe püriert.

Mit Sahne, Kürbiskernen und Frühlingszwiebeln (Lauch) verfeinern und servieren.

Der Kürbis liefert viel Energie, hilft dem Körper bei der Entschlackung und ich habe vor kurzem eine drohende Erkältung mit Kürbis einfach weggelöffelt! Abends Suppe – morgens fit ;-).

K: Vielen Dank für Deine interessanten und genussvollen Einblicke, Alexandra.

● Digitale Suppeneinlagen

Diese Suppeninterviews fangen an mir zu gefallen. Über die Suppen lernst Du sie kennen, Deine Mitmenschen, wie sie essen, miteinander umgehen und was sie umtreibt. Heute meldet sich eine IT-Fachfrau zum Suppenthema, Birgit Hüppmeier.

K: Sag, Birgit, Du als IT-Fachfrau, wie hältst du´s mit den Suppen?

B: Als Kind habe ich Suppen nicht gerne gemocht. Meine Mutter liebt Graupen- und Schnippelbohnensuppe. Ich fand es gräuselig … Aber heute esse ich, bzw., wir, mein Mann und ich, sehr gerne Suppen. Besonders wenn es einem mal nicht so gut geht oder man nur eine Kleinigkeit essen möchte, die leicht ist, aber warm sein soll. Mir geben Suppen dann immer sehr viel Energie.

Manchmal wird auch ein dicker Eintopf draus, der aus dem besteht was die Küche so hergibt. Mein Mann ist dann oft erst skeptisch, aber bisher hat er es immer gegessen und nie bereut.

K: Was für Suppen kochst Du am liebsten?

B: Ich koche eigentlich nur Gemüse- und Hühnersuppen. Gerne mag ich Tomatensuppen, die gibt es auch schon mal als Fertiggericht (Tipp: Bei dem DM-Märkten gibt es ne tolle Biomarke), die verfeinere ich dann etwas.

Leider habe ich nur drei kleine Gefrierfächer.

Ich habe ein tolles Rezept für eine Tomatensuppe aus frischen Tomaten und Tomaten aus der Dose, das lohnt sich aber nur für viele Gäste oder wenn man Platz zum einfrieren hat, da die sehr lange kochen muss. Am liebsten koche ich mit frischen Sachen.

Leider lässt das mein Job nicht immer zu und da muss es dann mal schnell gehen. Zugleich ist Kochen aber auch ein Ausgleich zu meinem Job. Da kann ich kreativ sein und auch mal experimentieren. In meinem Job würden sich meine Kunden über Experimente nämlich nicht so sehr freuen.

K: Was genau ist Dein Arbeitsgebiet als IT- Fachfrau?

B: Ich bin freie IT-Beraterin und mein Spezialgebiet ist „Alles rund ums Web". Dazu gehören webbasierten Anwendungen (in Fachkreisen Cloud Computing und SaaS genannt) sowie die gesamte Präsenz im Internet, vom professionellen Xing-Profil bis zur eigenen Webseite.

Bei mir steht immer der Mensch bei mir im Mittelpunkt, nicht die Technik! Meine Stärke ist es, in einem Analysegespräch zu ergründen, was genau der Kunde braucht und möchte.

K: Kannst Du denn eine warme Mahlzeit, z.B. die frische Zubereitung einer Suppe und die anschließende Mittagszeit, in Deinen täglichen Arbeitsrhythmus einbauen?

B: Durch meine und die Arbeitszeit meines Mannes, essen wir immer erst am Abend unsere Hauptmahlzeit, außer ich habe mal einen Abendtermin. Ich frühstücke immer und meistens gibt es am Nachmittag nur eine Kleinigkeit. In der Mittagszeit viel zu essen, macht mich auch recht träge und es würde auch, wie Du schon vermutest nicht in den Arbeitsrhythmus passen, da ich doch öfter mal unterwegs bin. Und das gemeinsame Essen ist uns sehr wichtig, daher freuen wir uns auch auf den Abend und bereiten oft etwas zusammen zu.
K: Bevor wir unser Gespräch beenden, gib uns bitte noch ein Rezept Deiner Lieblingssuppe.

B: Ja, gern, meine Lieblingssuppe ist die klare Erbsensuppe:

Ein paar geschälte Kartoffeln in kleine Würfel schneiden und diese in Gemüsebrühe kochen. Ca. 5 Minuten bevor die Kartoffeln gar sind, eine Dose Erbsen dazu – wenn vorhanden, auch frische Erbsen, die Tiefgefrorenen schmecken nicht so gut.

Dann abschmecken, neben Pfeffer z.B. mit Rosmarin, Fruchtminze und einem Stich Butter.

Grießklößchen, selbst gemachte, dazugeben. Diese, genau wie die Erbsen nur ziehen lassen und nicht mehr kochen. Man kann auch eine kleine geschnittene Möhre und etwas Lauch/Zwiebeln dazugeben.

Wer es herzhafter mag, dazu passen Wiener oder angebratener Speck. Mir schmeckt aber die fleischlose Variante am besten.

Apropos fleischlos, kann mir jemand Tipps geben, wie man eine gute Gemüsebrühe selber macht? Ich scheitere da immer -wird zu fad – und greife dann doch zum Brühwürfel, wenn auch aus dem Bioladen.

K: Dann lies mal hier weiter, Birgit, denn auch die Erstellung und Konservierung eines schmackhaften Gemüsefonds wird noch Thema sein. Lieben Dank für Deine Suppengeschichten.

- **Gesammelte xing-Suppenimpressionen**

Vorab zur Erklärung, für alle die Xing nicht kennen. Xing ist eine große Businessplattform. Da bin ich Mitglied und habe dort einmal folgende Umfrage platziert: "Was ist Eure Lieblingssuppe?"

Das frage ich inzwischen richtig gern, denn die Antworten sind immer interessant. Jeder mag sich gern dazu äußern, diese Frage ist weder zu persönlich, noch zu politisch und trotzdem erfährt man da so einiges ... Ich wünsche gute Unterhaltung:

Andrea Beyer sagt: Suppen gehen einfach immer! z.B. Möhren-Linsen-Suppe (Möhren und rote Linsen, Ingwer, Pfeffer, Salz. Püriert. Wer mag mit einem Löffelchen Creme Fraiche) oder einfach Bio Gemüse frisch vom Markt, was die Saison hergibt. Mit frischen Kräutern, ein paar Kellen rausnehmen und pürieren, dann wieder in die Suppe. Macht das Ganze etwas `voller`.

Nicole Schreiber sagt: Bei uns gibt es eine Opa-Erich-Gedenk-Suppe: Die Familie meines Vaters stammt aus Schlesien (Neurode Kreis Glatz). Schon als ich klein war, habe ich bei meinen Tanten gern die schlesische Variante des Borschtsch gegessen. Eine einfache Rindfleischsuppe mit Porree, Karotten und Sellerie. Dazu klein geschnittene Rote Bete. Das ganze mit Essig und Zucker abgeschmeckt. Köstlich.

Später habe ich es oft für meine Kinder und für meinen Vater gekocht. Dann wurde mein Vater schwer krank und kam auf eine Palliativstation. Dort wurden ihm noch so viele Wünsche wie möglich erfüllt. Der Pfleger sagte am Ende: "Das einzige, was wir nicht geschafft haben, war die Rote-Bete-Suppe". Viele Monate danach hab ich es ´noch nicht ausgehalten, dieses Essen auf den Tisch zu bringen, weil ich immer weinen musste. Inzwischen geht es wieder und es ist die Opa-Erich-Gedenk-Suppe!

Maria Donner sagt: Ich liebe die Schnelle Suppe aus Zwiebeln, Möhren und Vollkornnudeln und die dann noch mit etwas Käse abgerundet.

Gabriela Bäuml-Westebbe sagt: ich bin ganz konventionell und liebe "meine" Rinder-Gemüsesuppe, die im Winter praktisch dauernd auf dem Herd köchelt!

Je nach Geschmack kommen dann die Einlagen dazu.

Roland S. sagt: Heute war Krautsuppe dran, eigenes BIO-Kraut... und Karotten (pardon, Möhren, wie das bei euch heißt)

Susanne K. sagt: Rote Linsensuppe - vegetarisch. Mit Möhren, Ingwer, Frühlingszwiebeln, Knobi, Naturata Gemüsebrühe (rein pflanzlich), Kokosmilch.

Linda B. sagt: Ich bin auch ein richtiger Suppenkasper. Allerdings liebe ich die "altmodischen" Suppen - z.B. Kartoffelsuppe (gestampft) mit (neumodischer) süßer Sahne. Ich liebe Grüne Bohnen sowohl mit Rindfleisch (deutsche Variante) als auch mit Lammgulasch, Knoblauch, Paprikapulver, Kartoffeln und saurer Sahne (ungarische Variante).

Liebend gerne esse ich auch Halászlé - ungarische Fischsuppe oder Ujházi (ungarische Geflügelsuppe mit Fadennudeln und Zuckerschoten). Ich liebe Linsen oder Weiße Bohnen, Mohrrübeneintopf mit Rippchen und, und, und...

Dita R. sagt: Meine Lieblingssuppe ist eine Rinderbrühe mit Nudeln und großen Karottenstückchen. Die Brühe richtig fein stundenlang mit gutem Fleisch und Suppenknochen gekocht. Lecker. Und die ganze Wohnung soll danach riechen.

Sonja Göppert-Bethge sagt:

... früher hab' ich gern auf Suppe verzichtet, heute ersetzt sie gern eine andere Mahlzeit oder ist der Start für ein schönes, langes Essen............ und ich mag so ziemlich jede Suppe! :-) Kartoffel, Kürbis, Tomaten, Gemüseeintopf, Fischsuppe... aber auch so Omasuppen wie Grießklößchen, Einlaufsuppe, Haferflockensuppe... das muss nicht nach Kranksein schmecken...

Petra Manthey-Petersen: Ich liiiebe Suppen und Eintöpfe, kann mich gar nicht entscheiden, welche nun die leckerste für mich ist. Ganz oben rangieren Zutaten wie Kürbis, Möhren, Kartoffeln, Zucchini, Steckrüben, Rote Bete. Und das ganze selten ohne Zwiebeln und Knoblauch.

Johann J. sagt: spätestens der Suppenkasper Kaiser Franz Beckenbauer hat jeglichen Appetit auf Suppen vermiest; es gibt nur gutes, selbst gemachtes mit Tafelspitz im Winter und alles andere kann man sich schenken...

Daniela S. sagt: Ich mag es auch nur selbst gekocht; meine Favoriten sind z.Z. Lauch-Geflügel-Suppe mit oder ohne Kartoffeln und Paprikasuppe mit Lammstreifen (ist allerdings etwas zeitintensiver) - aber lecker...

Susanne Hagedorn sagt: Linsensuppe gekocht wie von Oma, ansonsten esse ich sehr gerne Kürbissuppe. Was auch super schmeckt ist Kartoffelsuppe mit Lachs.

Nandi E. sagt: Da fällt mir etwas ein, was vielleicht vom Thema Lieblingssuppe abweicht. Jemand erzählte mir vor längerer Zeit, dass er in einem für ihn "neuen" italienischen Restaurant als erstes eine Minestrone bestellt, weil er der Überzeugung ist, dass die Qualität der dort verwendeten Zutaten und die Zubereitung auf den Rest der Küche schließen lässt. Ist das so?

Ich fand die Aussage jedenfalls interessant.

Lieblingssuppe weiß ich nicht...aber lecker ist Möhrensuppe (püriert) mit vorher angebratenen Zucchinistückchen und scharf gebratenen Speckstückchen (frisch gemahlener Pfeffer zum Schluss dazu) oder Kartoffelsuppe (auch püriert) mit Krabben & frischem Dill und etwas Crème fraîche...eine Kürbissuppe mit Ingwer, Zimt & Chilli hört sich mal richtig lecker an!

auch noch eine Suppe, die ich ganz gerne mal esse: Käse-Lauch-Suppe mit Hackfleisch...mächtig, mächtig...lecker!

Tanja Mühlmeister sagt: Definitiv Kartoffelsuppe - die ganz einfache mit angerösteten Zwiebeln und in Gemüsebrühe gekochten und dann gestampften Kartoffeln und Möhren.

Genauso gerne mag ich dann Steckrübeneintopf - mit Kartoffeln und Möhren und genauso wie die Kartoffelsuppe zubereitet.

Ich mag es gerne schlicht und einfach.

Werner R. zitiert aus „Die Geschichte vom Suppenkaspar“:

Der Kaspar, der war kerngesund,

Ein dicker Bub und kugelrund,

Er hatte Backen rot und frisch;

Die Suppe aß er hübsch bei Tisch.

Doch einmal fing er an zu schrein:

"Ich esse keine Suppe! Nein!

Ich esse meine Suppe nicht!

Nein, meine Suppe ess ich nicht!".

- "und die Lieblingssuppe?"

Borschtsch

Roland S. sagt: Im Sommer eigene Zucchinisuppe oder später Strankelrsuppe. Fertige (Gasthaus): Leberknödel- oder Griesnocckerl- sowie auf der Skihütte eine Gulaschsuppe mit Semml. Und ganz besonders: La Soup Aux Choux

Claudia G. sagt: Ich bin ein ausgesprochener Suppen-Fan, esse alle Suppen (außer weiße Bohnen) - nur ...selbstgekocht muss die Suppe sein.

Conny C. sagt: Möhrensuppe (auch Möhren-Chappi genannt) und die Möhren-Fertigsuppe von Sonnen / Bassermann ist auch ganz lecker.

Zweimal südländisches Suppenglück

Freue mich köstlich, Euch hier auch die Lieblingssuppen von Babyly aus Antalia und Umberto aus Neapel, z.Zt. Rhodos vorzustellen. Herzlichen Dank Euch beiden! Viel Spaß und Urlaubsfeeling beim Nachkochen!

çorba şans ve Babyly - Ezogelin - türkische Linsensuppe

200g rote Linsen, 150g Bulgur, 1 Zwiebel, 2 EL Tomatenmark, knapp 1 l Wasser (o. Brühe), 2 TL Paprikapulver rosenscharf in etwas kaltem Wasser eingerührt, Salz und fein gehackte Minze (frisch oder trocken)

Bulgur und Linsen gründlich waschen und verlesen. Die kleingehackte Zwiebel im Öl etwas andünsten. Dann Tomatenmark, Salz und Wasser dazugeben. Solange kochen lassen, bis Linsen und Bulgur weich sind. Vom Feuer nehmen, Paprikawasser und feingehackte Minze dazugeben. Dazu leicht geröstetes Fladenbrot reichen.

Tipp: Pulbiber (das sind scharfe Paprikakerne, erhältlich im türkischen Laden) in etwas Olivenöl kurz angerösten. Diese kann man sich dann bei Tisch nach Belieben mit in die Suppe geben, schmeckt herrlich nussig und scharf!

Statt Olivenöl kann man auch Tereyag nehmen, das ist türkische Butter (ebenfalls im türkischen Laden erhältlich).

Man kann diese Suppe auch pürieren wenn man mag.

"Afiyet olsun!" sagt Babyly aus Antalya

Zuppa di fortuna di Umberto - italienische Bohnensuppe

800 g frische Bohnen (hier eher trockene Bohnen, zuvor einweichen oder aus der Dose), 30g Petersilie 1 Zwiebel, 1 Knoblauchzehe, etwas Sellerie, Karotte, 30 g Speck, 2 Liter Wasser, 1 EL Tomatenmark, 200g Makkaroni oder Maltagliati, 3 EL Olivenöl Salz und Pfeffer und ein wenig geriebenen Parmesan

Das Gemüse und den Speck in etwas Olivenöl andünsten. Mit dem Wasser die Bohnen (soweit nicht aus der Dose) und Salz aufkochen und ca. eine Stunde vor sich hin köcheln lassen.

Danach etwa die Hälfte der Bohnen mit einem Schaumlöffel herausnehmen und durch ein Sieb passieren oder mit einer Gabel zerdrücken und zurück in den Topf geben. Das angedünstete Gemüse und den Speck sowie die Pasta dazugeben und mit Deckel 5 Minuten aufkochen, dann die Hitze ausschalten und 8-10 Minuten stehen lassen. Dann ein wenig Olivenöl, Parmesan, Pfeffer und Salz hineingeben und nochmals für ca. 2 Minuten zugedeckt stehen lassen, dann servieren. Nach Belieben etwas Parmesan darüber streuen.

"Buon appetito!" sagt Umberto aus Neapel/ Rhodos

- **Suppengeheul aus norddeutschen Wäldern**

Für dieses Suppeninterview konnte ich Petra Manthey-Petersen erwärmen. Mit Ihrer Firma Coyote-Trainings hilft sie beim "Knoten lösen & Brücken bauen" vielleicht auch beim "Suppen kochen"? Ich horch da gleich mal nach:

K: Petra, schön, dass Du Dich hier zum Thema Suppe äußern magst. Meine ersten Assoziationen waren da selbstverständlich: Outdoor-Verpflegung wie Survival-Suppen, Snacks a la Nehberg etc. Ich denke mal ganz so läuft es mit Deinen Coyote Trainings nicht ab oder vielleicht doch?

P: Nein, ganz so läuft es natürlich nicht, denn unser Schwerpunkt liegt ja nicht auf Survival-Training. Obwohl wir natürlich auch – wenn es passt – rüberbringen wollen, was man alles Essbares aus unserer Natur nutzen kann. Und das ist eine Menge. Außerdem soll der kulinarische Genuss auch draußen nicht zu kurz kommen. Aber Käferlarven und ähnliches kommen uns definitiv nicht in die Suppe!

K: Erzähle doch mal kurz, was Du da machst in der Natur...

P: Ich unterstütze Menschen in Veränderungssituationen dabei, über den Kontakt zur äußeren Natur wieder in Kontakt mit sich selbst, also ihrer inneren Natur zu kommen. „Wie außen so innen" heißt es, und die Natur ist uns ein Spiegel ohne Bewertung und Kommentar, und sie hält oft verblüffende Antworten auf unsere Fragen bereit. Das bedeutet Coaching draußen, beim Spazierengehen, am Lagerfeuer, oder auch sich selbst erleben und erfahren im Rahmen eines Wildniswochenendes, mit Übernachtung im Wald und ähnlich netten Dingen. Wenn wir länger draußen sind, verpflegen wir uns natürlich auch, und dann hängt durchaus auch mal ein großer Topf Suppe über dem Feuer.

K: Ein wirklich interessanter Ansatz, Petra! Doch nun die abgewandelte Gretchen Frage: sag, wie hältst Du´s mit den Suppen?

P: Ich liebe Suppen! Mein Mann macht gern (liebevolle) Witze darüber, wenn es bei uns „schon wieder Suppe" gibt.

K: Welche Art Suppen sind dann so angesagt?

P: Am liebsten alles, was cremig ist. Also Zutaten kochen und anschließend pürieren. Für die Cremigkeit (sagt man das?) ist meist Kartoffel mit dabei. Ansonsten alles, was die Küche so hergibt, Möhren, Zucchini, Kürbis, Porree, Kohl in allen möglichen Sorten, Gewürze und Kräuter aller Art. Und am Ende darf auch die Sahne bzw. Soja Cuisine nicht fehlen.

An Suppen finde ich gut, dass sie so schnell zuzubereiten sind; dass man eigentlich alles rein schmeißen kann, was gerade da ist; dass sie am zweiten Tag oft noch besser schmecken; dass man sie gut einfrieren kann und dann noch schneller etwas Gutes auf dem Tisch hat.

K: Zu welcher Tageszeit gibt es bei Euch Suppe? Auch zum Frühstück?

P: Oft essen wir erst abends recht spät, da ist das dann ungeheuer praktisch: Truhe auf, Suppe raus, Hunger weg. Und für mich Frostbeule wichtig: sie machen schnell warm!

Zum Frühstück mache ich mir gern eine Haferflockensuppe, man könnte auch sagen, etwas dünneres Porridge. Das ist schön warm im Bauch für den Tagesanfang, und außerdem wunderbar wandelbar, mit oder ohne Obst, mit oder ohne Honig, mit oder ohne Sahne, ganz wie es gerade passt. Es kommt aber auch schon mal vor, dass ich zum Frühstück die Restsuppe vom Vortag löffel, in der kalten Variante, direkt aus dem Topf.

K: Zum Schluss, ebenfalls schon Standard, die Frage nach Deiner Lieblingssuppe, wenn Du magst mit Rezept.

P: Eine richtige Lieblingssuppe habe ich gar nicht. Bis auf Erbsensuppe mag ich eigentlich alles.

Eine Suppe, die ich besonders im Sommer oft koche, ist die Zucchinicremesuppe. Da ich frei nach Schnauze koche, ist das Rezept ohne genaue Mengenangaben.

Also, man nehme 1-2 Zwiebeln, brate sie in Olivenöl an, gebe 2-3 kleingeschnittene Kartoffeln dazu, dann mehrere kleingeschnittene Zucchini mit hinein und brate weiter an. Das Ganze ablöschen mit Gemüsebrühe, köcheln lassen, bis die Kartoffeln weich sind. Mit schwarzem Pfeffer und einer Messerspitze Cayennepfeffer abschmecken. Wer mag, gibt auch noch Knoblauch mit dazu. Dann alles schön pürieren, einen Schuss Sahne oder Soja Cuisine dazu, und zum Abschluss eine halbe Zucchini frisch hineinraspeln. Lecker sind auch ganz dünn geschnittene Lauchringe zum Schluss mit hineingegeben.

K: Vielen Dank für Deine Outdoor-Suppenimpressionen, Petra!

• Brühe & Fond – fix & fertig

Bei Suppen und Eintöpfen geht es zunächst darum, eine möglichst schmackhafte, flüssige Grundlage zu haben. Eine leckere Suppe herzustellen, ohne Knochen oder Karkassen im Fond, scheint für viele unmöglich. Doch, es ist längst kein Geheimnis mehr, mit Gemüse, Kräutern und jede Menge Phantasie lassen sich die köstlichsten Suppen zaubern.

Allerdings, egal ob mit oder ohne Fleisch, ein selbstgemachter Fond als Grundlage ist oft im Alltag etwas aufwändig. Darum steht immer wieder die schnelle, gekörnte Brühe oder der Suppenwürfel bereit. Möglichst ohne Geschmacksverstärker sollte sie schon sein. Mit mühevoller Recherche stellt man fest, dass die meisten, auch die Bioware, eben doch mit Hefeextrakten oder Würze arbeiten und es nur sehr ausgesuchte Firmen gibt, die rein aus getrocknetem Gemüse Kräutern und Meersalz Gemüsebrühe anbieten.

Marianne Reiß hat eine Praxis für Ernährungsberatung in Braunschweig. Sie gibt Diabetikerschulungen und "ihr Herz blutet für Diabetiker und Bauchträger."

Sie teilt mit uns ein genial einfaches Rezept, vielen Dank, Marianne!

Wir müssen, um gesund zu essen, nicht gleich alles wieder selbst herstellen können, was auf unseren Tellern landet. Das muss sich jeder so einrichten, wie es in sein Leben und seinen Zeitplan passt. Nudeln selbst anteigen und im Wohnzimmer auf dem Wäscheständer trocknen, ist sicherlich nicht jedermanns Sache. Aber die absolut obligatorische Grundlage fürs Selberkochen ist eine gute Gemüsesuppenbasis, die nicht viel Arbeit macht, mit den richtigen Geräten schnell zuzubereiten ist und dann genau so fix zu benutzen ist wie die trockenen fixen Helfer aus der Nahrungsmittelindustrie. Und das geht so:

700 g frisches Suppengemüse (ca. drei mittelgoße Möhren, eine Stange Porree, ein Stück Sellerie oder Petersilienwurzel) mit einer Handvoll frischer Petersilie und 100 g Salz in einer Küchenmaschine (am besten mit großer Rührschüssel und breitem Messer) zu einer Paste schreddern. Für Anfänger: sie ist fertig, wenn sich der Brei wie ein Lindwurm um das Messer dreht. Das Ganze in saubere Marmeladengläser füllen und mit einem Twist-off-Deckel verschließen. Hält sich im Kühlschrank durch das konservierende Salz für etwa ein Jahr. Die gerade nicht benutzte Paste hebt man oben hinten im Kühlschrank auf, das Glas, das gerade in Arbeit ist, am besten in einem der Türfächer. Für einen Liter Brühe braucht man etwa 1 gehäuften Esslöffel Gemüsepaste, für eine schnelle heiße Tasse zwischendurch etwa 1 - 2 Teelöffel. Probieren Sie mal, Reis, Nudeln oder Kartoffeln in diesem Fond zu kochen.

Diese Suppe schmeckt besser als die Trockenvarianten aus dem Discounter, ist einfach zuzubereiten, schnell zu benutzen und sie ist genial!

- **Der Sonnengruß**

Der Sonnengruß, das perfekte Workout! Seit Jahren schon ist es die von mir am meisten empfohlene Bewegungsform, die ich selber auch regelmäßig praktiziere.

Wird Zeit, hier endlich einmal öffentlich ein Loblied zu singen, auf den Sonnengruß!

Der Sonnengruß ist genial, weil ...

... er bewegt und fordert alle Muskeln und Sehnen; wirkt stimulierend auf die Wirbelsäule, sämtliche Organe und das Herz- Kreislaufsystem

... es gibt ihn in allen Schwierigkeitsgraden, so dass sich keiner unter- oder überfordert fühlen muss

... ein langsames, atembetontes Training trainiert den Geist und die Seele gleich mit

... eine schnelle, zügige Ausführung trainiert die Ausdauer

... man kann ihn immer und überall ausführen, wenn es sein muss auch auf dem nackten Boden, direkt neben dem Bett.

Dies sind nur die rein praktischen Erwägungen ohne von den vielschichtigen, heilsamen Wirkungen auf den Körper und die Psyche zu reden.

Für alle, die sich noch nicht so genau etwas unter dem Sonnengruß vorstellen können:

Der Sonnengruß (sanskrit: Surya Namaskar) ist eine Yoga-Bewegungsfolge, aus 12 Körperstellungen. Er ist viele tausend Jahre alt und wurde in Indien entwickelt. Wie alle Yogaübungen ist auch der Sonnengruß ursprünglich in einem großen, spirituellen Gesamtkontext eingebettet. Er bringt in diesem Zusammenhang die Ehrerbietung der Sonne und der gesamten Schöpfung zum Ausdruck. Er bildet Demut und Hingabe im körperlichen Ausdruck ab.

Es gibt inzwischen unüberschaubar viele Yogatrends und –schulen, die meisten haben auch den Sonnengruß dabei, den sie dann auf ihre Art interpretiert, lehren.

Bereits nach 4 Wochen Sonnengruß Training gibt es die ersten offensichtlichen- Veränderungen. Die wohltuende Wirkung spürt man sofort! Am Besten keine Zeit verlieren und heute starten, mit einem ganz persönlichen Gruß an die Frühlingssonne! Viel Spaß!

- **Auf und davon – Hin und weg**

Im Sommer geht es los! Ein ganzes Jahr werden wir uns Zeit nehmen für eine Reise einmal rund um die Welt. Ich werde in viele fremde Kochtöpfe gucken, ungewohnte Aromen und Düfte wahrnehmen, viele Länder und noch mehr Menschen aller Nationen kennenlernen.

Neben all den tausend Kleinigkeiten, die es nun zu organisieren gilt, bin ich zur Zeit natürlich ganz heiß auf Berichte, Filme und Bücher, in denen es um Reiseerfahrungen, -infos, überhaupt um ferne Länder geht.

Zurzeit lese ich da eine illustre Mischung, ich stelle sie mal kurz vor:

Nur noch wenige Seiten verweile ich, mit „Mein Wunscherbe“ den 2.Teil, von Dietlinde Hachmann, in Indien. Den ersten Teil habe ich bereits gelesen. „Eine biografische Liebes-Reise-Dokumentation über die Gründerin der Deutsch-Indischen-Gesellschaft in Hamburg e.V.“ heißt es auf dem Umschlag und ich füge hinzu: eine Zeitreise mit vielen Eindrücken aus Indien. Zugleich ist es sehr interessant, mehr über die gesellschaftliche Zusammenhänge und Umgangsformen der letzten Kriegsjahre und Nachkriegszeit, sowohl in Deutschland als auch Indien zu erfahren. Also unbedingt lesenswert (auch für diejenigen, die eine Indienreise nicht gerade in der Planung haben).

Ich lese „Endlich weg“ von Rüdiger Barth – Hier geht es um ein Hamburger Paar, das sich für 4 Monate auf Weltreise begibt. Er ist Stern Reporter, so gesehen vielleicht nicht ganz aus dem Leben eines 08/15 Weltenbummlers gegriffen. Aber gewiss kommt dadurch auch die ein- oder andere Information mehr rüber. Dieses Buch ist kurzweilig zu lesen und es gibt von vielen Ländern die ganz persönlichen Stimmungen und Eindrücke der Beiden wieder. Das Klima, die fremden Mentalitäten, die Mücken und die Reiseorganisation, all das sind schließlich Themen, mit denen die beiden ebenfalls klar kommen müssen. Zurzeit sind sie in Chile und gewähren mir recht überraschende Eindrücke der dortigen Mentalität.

Thema Reiseführer: Schon zweimal habe ich es mir in Hamburg in einer gutsortieren Reisebücherabteilung gemütlich gemacht, um herauszufinden, welchen Verlagen ich, wie viel Gewicht in meinem Reisegepäck einräumen sollte und ob überhaupt. Welcher hat wo die Nase vorn, ein Lonley Planet, ein Stefan Loose, ein Iwanowski und vor allem: wer soll das am Ende alles tragen?

Verlockend scheint mir in diesem Zusammenhang das Angebot von Lonley Planet, einzelne Kapitel als PDF Download käuflich zu erwerben. Bei Bedarf.

Seufz... wie bestimmt noch oft, und auf jeden Fall bei der Zusammenstellung meiner Reisebegleiter (im Rucksack;), werde ich auch dabei eine gestrenge Nutzen-Lasten-Analyse durchführen müssen.

Beim Herumstöbern entdecke ich, dass es viele Reiseaphorismen gibt, fast jeder Dichter, Autor und Philosoph hat hierzu schon Tinte gelassen.

Hier meine bisherigen „Reise-Wort-Perlen“:

"Don't worry about the world coming to an end today.

It's already tomorrow in Australia." Charles M. Schulz

****

"Reisen ist tödlich

für Vorurteile."

Mark Twain

****

„Viel zu spät begreifen viele

Die versäumten Lebensziele:

Freude, Schönheit der Natur,

Gesundheit, Reisen und Kultur,

Darum, Mensch, sei zeitig weise!

Höchste Zeit ist's! Reise, reise!“

Wilhelm Busch

****

"Globetrotter sind immer aus dem Häuschen."

Almut Adler

****

"Die größte Sehenswürdigkeit, die es gibt,

ist die Welt - sieh sie dir an." Kurt Tucholsky

- **Banales gebloggt, die Vorbereitungen**

Der letzte Beitrag ist schon fast historisch, das weiß ich wohl. In der Zwischenzeit hat sich soviel Banales zugetragen, dass ich jeden Tag dachte: das interessiert wirklich niemanden. Aber dennoch, immer wieder stelle ich fest, dass es gerade die Banalitäten sind, die von meinen Bekannten und Freunden mit eifriger Neugier abgefragt werden. Also gebe ich doch gern mal einen Einblick:

Die Zeit zwischen diesen beiden Blogbeträgen könnte man auch getrost die Zeit der Listen und des Loslassens betiteln.

Zur Orientierung, ab heute sind es genau noch 17 Tage bis zum Start. Wir leben in freudiger Erwartung, doch bleibt wenig Zeit für ausgiebige Vorfreude, da ist noch zu viel Alltag und Organisation.

Da sind die Abmeldelisten. Es galt, sich fristgerecht von Zeitungsabos, Mitgliedschaften und Werbeverteilern abzumelden. Die Wohnung zu kündigen, die Krankenversicherung, Haftpflicht, GEZ, Stromanbieter, Telefon, ... usw.

Ach, habe ich noch nicht erwähnt? Es soll eine Reise quasi mit open end werden. Mal sehen, wo wir uns nach Ablauf der Zeit wieder niederlassen. Also heißt es, alles abmelden. Das entlastet auch erheblich die Reisekasse, wenn zu Hause die Kosten nicht weiterlaufen. Ich denke so kann sich fast jeder eine Weltreise leisten.

Dann die To-Do-Listen mit Optiker, internationalen Führerschein beantragen, Tetanus auffrischen, Zähne auf Vorderfrau bringen lassen, passende Reisemusik zusammenstellen, ...

Rubrik Loslassen: die Sachen müssen weg. Seit Wochen vergeht kaum ein Tag, an dem nichts verkauft oder verschenkt wird. Nur wenige Dinge werden eingelagert, nennenswerte Posten sind da Bücher und die Fahrräder.

Jetzt, wo kaum noch was übrig ist, nur noch das Nötigste für Arbeit und Haushalt, kann ich sagen, das war zu keiner Zeit ein beklemmendes oder merkwürdiges Gefühl (was ich sehr oft gefragt wurde). Nicht einmal als fremde Menschen vorgestern unser Bett hinausschleppten (wir nächtigen jetzt ebenerdig auf den Matratzen), gab es seltsame Gefühle.

Schlucken musste ich vorhin jedoch, ich gebe es zu, als ich sah, wie die neuen Besitzer mit meinen Felix abdüsten. Ok, ok, es ist nur ein Auto, aber dennoch.

Vor drei Tagen gab es auch kurz mal so einen Anfall von Hilflosigkeit, angesichts der vielen verschiedenen Kleinigkeiten, die sich so angesammelt haben. Ein themenloses Sammelsurium, lauter Krimskrams, ein Gemengsel von nutzlos bis nützlich. Das sind Dinge, die sich im Laufe der Jahre in thematisch nicht eindeutig zu benennenden Schubladen, Schachteln und Fächern ansammeln. Diese wollte ich sortieren nach: kann weg, kriegt XY, behalte ich. Wobei es wichtig ist, die Abteilung „behalte ich" sehr überschaubar zu halten. Das schien mir ein Fass ohne Boden. Leichte Panik. Ihr müsst das kennen, das sind so Dinge wie: schöne Schachteln, unzählige Stifte und Schreiber (mit und ohne Funktion), Nupsis für Einlegezwischenplatten, Saugnapf-Plastik-Gerbras, Irrigator, Neti-Nasen-Kännchen, Kaffeeduftkerze, Geschenkbänder, von Mama angemalte Ostereier, Gummibänder, 1,5 kg Hanteln, Verteilersteckdosen, Plüschherzen, Streichholzschachteln, Flaschenöffner, Taschenlampen, alte Brillen, Nagellacke und so weiter... Ich meine, was macht man mit sowas? Mitnehmen fällt ja wohl aus. Aufheben ebenso. Will ja auch keiner haben sowas. Aber auch diese Minikrise ist nun überwunden und ich spüre mit jedem Teil, dass mein Leben verlässt, Erleichterung. Das Gefühl, alles noch einmal auf das Wesentliche zu beschränken zu können.

Den Besitz quasi zu extraktieren (gibt es das Wort, überhaupt?). Herrlich!

Natürlich kommt es jetzt auch immer öfter vor, dass man sich von lieben Menschen verabschieden muss, weil man sich ja bis zur Abreise nicht mehr sieht. Aber wie heißt es immer so schön, „niemals geht man so ganz“ und „wir sind ja nicht aus der Welt“.

Für meine Nur-Onlinekontakte ändert sich dagegen ja kaum etwas, höchstens in der Kontakt-Frequenz vielleicht.

Was noch? Ja, die Beschaffungslisten, noch sind sie nicht vollständig abgearbeitet. Als kleinen Auszug nenne ich hier mal: Sandalen (in der Optik nicht wie Trekking-Sandalen, wohl aber im Charakter), ordentlicher Rucksack (robust, keine dämlichen Farben, kein utopischer Preis), Reisekamera (Kompakt, aber gute Qualität), Tasche für mein Notepad, SD-Karten, USB-Stick, einen Schwung Monats-Kontaktlinsen, Mückenmittel, Sonnenkappe mit der ich nicht allzu ulkig aussehe, - ok, ich verliere mich in Kleinigkeiten.

Interessant war es dabei mal wieder festzustellen, dass solch eine Beschaffungsliste bei meinem Partner eindeutig Distress verursachte, während ich es eher als vorfreudigen Genuss empfunden habe.

Wenn ich jetzt noch sage, dass es in 17 Tagen zunächst nach New York geht, danach nach Detroit und irgendwann von Los Angeles auf die Fidschi, dann seid Ihr jetzt auf dem neusten Stand. Wir werden uns, wo immer es möglich ist, erst vor Ort entscheiden, wann und wohin es weiter geht, ein festes Round The World Ticket haben wir nicht gebucht.

- **New York City togo**

Fast jeden Tag woanders, immer neue Eindrücke und Erlebnisse, die ja alle erst einmal mit Leib und Seele verarbeitet werden wollen, bevor sie in die Tasten fließen.

Und nun, wo fang ich an, schon so viel liegt hinter mir und wir sind gerade mal eine gute Urlaubszeit von zu Hause weg. Die Zeit vergeht zwar auch hier so schnell, aber im Rückblick und in der Gegenwart ist mir zeitlos zumute. Also schon ein bisschen so, wie ich es erhofft hatte, durch die ständig neuen Situationen und Erlebnisse dehnt sich meine gefühlte Zeit aus. Bin gespannt wie das in 3 Monaten sein wird.

Jemanden, der noch niemals …, ja, den haut New York City, unsere erste Station, wohl erwartungsgemäß aus den Schuhen. Gern hätte ich mein Gesicht gesehen, als wir aus dem Untergrund nach oben kamen. Wir sind ganz bequem vom JFK-Airport mit der Subway/ Metro nach NYC gefahren. Unser Hotel lag direkt an der Penn-Station gegenüber vom Madison Square Garden.

Meine noch ungewohnt schwere Rucksacklast verhinderte, dass ich am Ausgang festwuchs, mit offenem Mund, den Kopf in den Nacken gestreckt (um die Häuser ganz zu sehen) und die Ohren ungläubig gekräuselt. Was für ein ungewohnter und lauter Klangteppich aus tosendem Verkehr, mit andauerndem Gehupe und Polizeisirenen, lebhaften Menschentreiben und laufenden Klimaanlagen. Alles wie ein-, nein wie im Film.

Das erstaunliche, nach einer kurzen Eingewöhnungszeit, also einmal drüber schlafen, habe ich mich in NYC, hier hauptsächlich Mannhatten (mehr geht nicht in 4 Tagen), nicht fremd gefühlt. Dies liegt wohl daran, dass dort sehr viele „Fremde" durch die Straßen streunen. Aber auch deshalb, weil der Umgang und die Begegnung untereinander grundsätzlich von freundlicher Art waren. Das habe ich bisher noch in keiner großen Stadt so empfunden. Ob dies im Winter oder bei Dauerregen ebenfalls so gelaufen wäre, kann ich nicht beurteilen, auch haben wir uns nicht nachts in der Bronx herumgetrieben.

Auf den Straßen läuft jeder mit einem „to go" Getränk in der einen und einem Smartphone in der anderen Hand herum. Witzig. Ich habe bis jetzt noch keine Freude dabei empfinden können, Kaffee im Gehen durch einen Plastikschnabel zu mir zu nehmen. Die Zeit mag noch kommen, wer weiß. Was sie tun, das machen sie hier gründlich, so mein Eindruck:

In den Parks, am Hudson-River, East-River und im Central Park werden die Körper mit hoch professionellem Equipment definiert, während man woanders, z.B. in den vielen Fastfoodketten, die Körper mit minderwertigem, fettigen Fraß ruiniert. Wie gesagt, alles gründlich. Wenn schon, denn schon.

Ein gesundes Mittelmaß, etwas, was uns allen nicht so leicht fällt, scheint mir hier in Amerika noch einmal mehr in weite Ferne gerückt.Wobei ich dies nicht durchgehend negativ sehe. Denn oft braucht es für außergewöhnliche Ideen und Unternehmungen gerade auch mal das Extreme.

Zum Thema Ernährung, Nahrungsmittel und Essgewohnheiten in den USA, könnte ich bereits jetzt Bände schreiben.

Nach einem viel zu kurzem Aufenthalt in New York City, bei durchschnittlich 22°C ging es dann, am 6.6.2011, mit dem Flieger weiter nach Detroit.

- **Von Detroit nach San Francisco**

Dazwischen liegen nicht nur 3.861 km, ein Autokauf, zwei Monate und ca. 12.000 real gefahrene Kilometer, oh, nein! Dazwischen liegen Säcke voll Erfahrungen, voll Staunen und Wundern! Tage schlechter und guter Kost.
Viele Begegnungen mit offenen, freundlichen Menschen bei meistens gutem Wetter.

San Francisco, Kalifornien, die Stadt überhaupt! Eine riesige Stadt, mit ordentlich viel Multikulti. Ich fühlte mich hier, besonders als Ex-(Wahl)Hamburgerin, sofort wohl. Das Wetter ist meist so, wie man es als Außenstehender von Kalifornien, San Francisco, nicht erwartet: wechselhaft, kühl und meistens nebelig!

Die Postkarten von der Golden Gate Bridge scheinen allesamt gründlich mit einem Bildbearbeitungsprogramm geschönt oder sie sind an diesem einen Tag im Jahr aufgenommen, an dem freie Sicht war. Vielleicht haben wir im Vorfeld nachlässig bis gar nicht recherchiert, aber bei „California Beach", da habe ich ewige Sonne am heißen Sandstrand vor Augen. Die (trotzdem durchaus charmante) Realität vor Ort ist eine andere. Der Pazifik, längs der kalifornischen Küste, steht unter dem Einfluss einer kalten Nordpazifikströmung und hält sich so erfolgreich die Badenden vom Leibe. Selbst die taffen Surfer tanzen ausschließlich im eleganten Neopren auf den Wellen, zumindest jetzt im Juli. An der Küste und in der San Francisco Bay Area beträgt die Sommertemperatur durchschnittlich 17°-19°C und immer wieder wabern feucht-kalte Nebelschwaden vom Ozean ins Landesinnere. Dafür friert es hier nicht im Winter und das hat zur Folge, dass die schönsten Pflanzen, Kräuter und Bäume hier bis in den Himmel wachsen, einfach wunderschön! Auf der nördlichen Halbkugel ist dies neben dem Mittelmeerraum die einzige Zone mit mediterranem Klima. In Berkeley, der bekannten Universitätsstadt, ebenfalls in der San Francisco Bay Area gelegen, wachsen die schönsten Pflanzen. Lilien, Orchideen, alle möglichen Arten von Sukkulenten (das sind dickfleischige Pflanzen, wie z.B. der Geldbaum) wuchern einfach so am Straßenrand und lassen zusammen mit den üppigen Bepflanzungen der Vorgärten dem Fußgänger gerade noch einen engen Pfad, dafür mit aromatischen Düften.

Fast alles an Gemüse und Obst, von der Avocado bis zur Zitrone, gibt es hier das ganze Jahr über regional zu kaufen, in zunehmendem Maße „organic" (aus biologischem Anbau). Es ist eine sinnliche Freude, sich über die Farmersmärkte zu naschen. Auch einige Einkaufsmärkte sind paradiesisch. In Berkeley ist es zum Beispiel der „Berkeley Bowl Markt". Viele seiner Waren, von der Erdnuss über Nudeln bis zur Erbse, vom Käse bis zum Kaffee, werden lose angeboten. Eine unendlich große Auswahl! – Nach fast 2 Monaten quer durch die Staaten, glaubt man hier im Paradies gelandet zu sein!

Und dann dieses San Francisco, so viele Kulturen, so groß, so viele Gegensätze und Möglichkeiten, eine wundervolle Stadt! Hier oder im Umfeld könnte ich mich sofort niederlassen. Dazu die bekannten, eindrucksvollen Attraktionen, von der Golden Gate Bridge, der Cable Car, der Fisherman´s Warft und: nach drei Wochen kann ich nicht aufhören darüber zu staunen, diese steilen Straßen!

Die Straßen sind hier tatsächlich so steil, eigentlich noch steiler, als es in den vielen Spielfilmen und Serien immer den Anschein hat. Jedes Mal, wenn wir irgendwo „oben" angelangt sind, stockt uns der Atem, da man für Sekunden (wahrscheinlich nur Bruchteile von) nicht sehen kann, wo und ob es überhaupt weitergeht, so senkrecht geht es wieder nach unten.

Eine Lektion in Sachen Urvertrauen. Ich habe mich des Öfteren dabei ertappt, dass mir ungewohnte Themen durch den Kopfgehen, so etwas wie funktionierende Bremsen, genügend PS-Zahlen und innerliche Freude über das Automatikgetriebe beim jedem Stop und Go bergauf.

Auch ist es ein beeindruckender Anblick, dieses schnürchengerade Hoch und Runter der Straßen, immer gibt es eine kleine Überraschung am Ende, ein besonders schönes Gebäude, eine kleine grüne Oase, ein Blick auf die Bay-Area oder dem Pacific.

Auch überraschend, der Wetterwechsel innerhalb San Franciscos. Das Wetter ist eben ein ergiebiges Thema. Während man sich im Golden Gate Park wünscht, man hätte Fließjacke und Socken angezogen, entspannt man sich Downtown in der Sonne. Während die Twin Pieks (die beiden höchsten Erhebungen ca. 276 m in San Francisco) zusammen mit der Golden Gate Bridge von wabernden, tiefliegenden Wolken verhangen sind, ist der Himmel im Castro-Viertel knallblau.

Witzig daher, die unterschiedliche Kleiderwahl der Passanten zu beobachten. Da sitzt dann eine Frau, mit schwarzem Rollkragen, wattierte Jacke und Fellstiefeln neben mir im Bus und direkt daneben steht eine weitere Frau im schulterlosen Sommermini mit Flipflops. Für uns, vor der Fahrt mit dem BART (der S-Bahn von der Ostseite der Bay nach SF), hieß es also, genau zu überlegen, was anziehen, um in möglichst vielen Regionen, tagsüber komfortabel herumzustromern zu können. Das morgendliche, recht kühle East-Bay-Klima von Berkeley muss auch noch mit rein, in die Überlegungen.

Unser Auto haben wir übrigens in der 2. Woche in San Francisco erfolgreich über Craigslist (ähnlich ebay oder mobile.de) verkauft. Jetzt heißt es, in Sachen Gepäck und Einkauf wieder: weniger ist mehr!

Kleiner Zeitsprung, denn vor Californien, da ging es quer durch die Staaten und zwar mit einem Auto, dass wir in Detroit, Michigan, ganz am Anfang unserer Reise, gekauft haben. Traditionsgemäß, schließlich ist, bzw. war Detroit die Autostadt. Wo sonst also hätten wir unser altes Chrysler Cabrio kaufen sollen, zumal wir hier auch einen Freund besucht haben, der uns dabei behilflich war. Wir wussten schon, dass es ein unkalkulierbares Risiko darstellt, mit einem alten Gefährt durch die USA zu reisen. No risk, no fun. Das Happy End vorweg, es hat geklappt und wir bereuen es nicht, trotz einiger Widrigkeiten. Sehr speziell war der Totalausfall des Schließzylinders für die Zündung mitten in den Rocky Mountains. Immerhin eine Möglichkeit, die Hilfsbereitschaft der Ranger dort näher kennenzulernen sowie eine Fahrt in einem echten Ranger Jeep mitzuerleben.

Detroit erkläre ich am besten von Colorado aus. In einer der gemütlichen Micro Breweries (kleine Hausbrauerei) haben wir ein charismatisches Paar aus Michigan getroffen, die sich doch tatsächlich bei uns für Detroit entschuldigt haben.

Ich denke, das hat Detroit nicht verdient. Nein, es hat keine besonderen Touristenattraktionen.

Es hat einen langen, schönen Wanderweg entlang des Detroit River. General Motors hat im Herzen Detroits einen riesigen Glaspalast als Firmengebäude, Ausstellungsraum und Einkaufszentrum hingepflanzt. Ein großes Spielcasino und eine kleine alte, griechische Gasse sind die offensichtlichen Anziehungspunkte, für die recht geringe Anzahl an Touristen.

Nicht zu vergessen der „People Mover“, eine Bahn, die in einem überschaubaren Umlauf einmal durch Downtown Detroit führt. Das einzige öffentliche Fortbewegungsmittel. Auf der, höchstens 15 minütigen, Rundfahrt sieht man viele leer stehende Gebäude und große, breite, leeren Straßen! Fast geisterhaft mutet es an. Ganz nebenbei, diese Bezeichnung „People Mover“ hat mich fasziniert. Eigentlich ist ja jedes Gefährt eine Art „People Mover“, wobei dies, ins Deutsche übersetzt doppeldeutig ist und zutrifft. Denn es ist in der Tat bewegend, eine so große Geisterstadt zu sehen.

Zurück zum Paar aus Michigan. Ich finde es schade, dass sie sich für Detroit entschuldigt haben. Natürlich habe ich die Tristesse, die verlassenen und zerfallenen Gebäude und die leeren Straßen auch gesehen. Aber das alles schreit doch auch geradezu nach Kreativität und Leben, so jedenfalls mein Eindruck. Städte wie New York, San Francisco und auch Chicago sind voller Leben und gelebter Lebenskunst. Das sind Städte, die inspirieren, nur zu gern gibt man sich hin, lässt sich anstecken oder treiben.
Detroit ist da eher anstrengend, denn es verlangt neuen Ideen! Es sollte sich auf keinen Fall wieder einseitig in die Hände einzelner (Automobil)Konzerne begeben. Gerade dieses unbequem Fordernde macht Detroit zwar nicht so interessant für Kurzbesuche, aber doch umso interessanter für Menschen mit Ideen, Idealismus und Energie, um hier etwas zu bewegen. Pioneergeist ist gefragt, hier etwas Neues nach den eigenen Vorstellungen anfangen. Ich finde Detroit steckt eher voll Potential. Es ist nicht voll peinlich.

Von Detroit nach San Francisco, was war dazwischen?

Nicht nur, dass ich nicht die chronologische Reihenfolge eingehalten habe, ich habe auch über viele Dinge nicht geschrieben. Damit könnte ich jetzt schon ein bis zwei Bücher zu füllen. Da aber auch ein Jahr nicht ewig zu sein scheint, konzentriere ich mich lieber aufs Erleben, aber nie ohne meine täglichen, kurzen Notizen, damit mir nichts durch schnöde Vergesslichkeit verloren geht.

Ich könnte mehr oder weniger hilfreiche USA Reisetipps schreiben, die vom Straßenverkehr bis zur ausgiebigen „Motellogie“ (das ist die Lehre von den Erfahrungen vieler Motel-Übernachtungen) reichen würden; von Restaurants, den Restrooms (Toiletten), von Bars, den Einkaufs- , den Farmersmärkten und den allgegenwärtigen, wöchentlichen Garage Sales (Garagen-Flohmarkt).

Ich schreibe über meinen Besuch einer Firma in Michigan, die Kräuteressenzen herstellt oder dem Besuch einer Pistazien- und Mandelfarm in Californien.

Die Seiten würden sich wie von selbst (haha) füllen mit meinen Beobachtungen: vom Essverhalten und dem green-organic desire der Amerikaner; von vielen kulinarischen und nicht so kulinarischen Eigenversuchen und vor allem von den unglaublichen Eindrücken, die dieses riesige Land, mit seiner faszinierenden Natur zu bieten hat!

Natürlich wären auch viele kleine Einzel-Episoden dabei, Geschichten, die das Leben hervorzaubert, wenn man mit liebevollem, offenem „german mind“ auf amerikanische Bräuche stößt und wenn man an touristischen Orten auf die ganze Welt stößt.

Und wisst Ihr was? Die USA ist ja nur ein Teil unserer Reise, schon bald, im August, geht es weiter Richtung Datumsgrenze und weiter. Dann bin ich gleich wieder einen Tag älter und eile der heimatlichen Zeit mit abnehmender Distanz voraus. Immer werde ich Land und Leute unermüdlich „aussaugen“ und hier berichten und wer weiß, vielleicht fange ich wirklich ein Buch an, wenn ich wieder zurück bin.

- **Plötzlich Fiji**

Fijis, das sind die Fidschi Inseln. Sie liegen, von Europa aus gesehen, ganz auf der anderen Seite der Erdkugel, wenige Flugstunden nördlich von Neuseeland entfernt. Fiji, ich mag diese drei Punkte hintereinander einfach und bleibe deshalb mal bei der englischen Schreibweise, deutsch geht so: Fidschi.

Da war also gerade noch Los Angeles und schon ist Fiji. Wobei, 'Schon' ist gut. Satte 10 Flugstunden in unbequemster Bewegungslosigkeit plus mal eben so ein ganzer Tag, der nicht stattfand (kurz vor Fiji überquert man die Datumsgrenze). Da ist es schon so, dass die Seele eine Zeit braucht um nachzukommen. Manche nennen es Jetlag, aber das sind diejenigen, die Termine haben. Wenn man keine Termine hat, ist man zunächst mal nur müde, besonders wenn man, wie ich, in der unbequemen Flieger-Sardinenstellung nicht schlafen kann. Ist man dann irgendwann ausgeschlafen, muss man halt zusehen, dass die Seele nachkommt. Dies kann, je nach Entfernung, Land und Befindlichkeit, schon mal bis zu einer Woche dauern.

Einleben

In diesen fünf oder sechs Tagen, die es bei mir gedauert hat, schwankte es in meinem Gemüt und Sosein zwischen euphorischer Entdeckungsfreude und eher gedämpften Staunen. Wie die meisten, für uns "exotischen" Länder, gibt es auch auf den Fijis zwei sehr unterschiedliche Seiten. Zum einen die heile, freundliche Urlaubsinselwelt mit dem weißen Sand, den Kokospalmen und dem türkisfarbenem Meer auf den Koralleninseln.

Und dann eben Fiji, das alltägliche Leben auf den beiden Hauptinseln (vulkanischen Ursprungs). Ein Leben mit allen Problemen, die eine isolierte Lage und die 1970 zurückgewonnene Unabhängigkeit mit sich bringen. Das reicht von einer noch sehr ausbaufähigen Infra- und Sozialstruktur, Umweltproblemen, einer zunehmender HIV Infektionsrate sowie einer inflationär steigenden Rate an NCD (non communicable disease), zum großen Teil hervorgerufen durch Über- und Fehlernährung. Kurz, eine Gesellschaft im Umbruch von einer aus Farmarbeit geprägten Kultur, hin zu einer modernen und technisierten Gesellschaft. Zudem die ständig schwelende Dissonanz zwischen den indischen und den melanesischen (ur-fijianischen) Anteilen der Bevölkerung.

Allein schon optisch auffällig, diese grundverschiedenen Menschen: hier die grazilen, feingliedrigen Inder, mit glatten, glänzenden Haaren und dort die Melanesier, mit ihrem kräftigem (Rugby)Körperbau und meist kurzgelocktem Kräuselhaar. Hier indisches Daher-Schreiten mit zunächst zögerlichem, doch dann oft herzlichem Blickkontakt; dort ein melanesischer, wiegender, leicht nach vorn fallender Schlurfgang, allzeit bereit für ein herzerwärmendes Bula-Lächeln. Ach ja, "Bula", das ist hier die Begrüßung, die bei jeder Begegnung erklingt, sprich: (ganz weich) Mbola.

Man lauscht und bewegt sich hüftenschwingend zu der rhythmischen Musik, die hier oft aus den arbeitsbegleitenden Radios tönt. Ein harmonischer, zweistimmiger Gesang, ein wenig Harry Belafonte, ein bisschen Reggae. Es klingt gutgelaunt und immer auch ein wenig sehnsuchtsvoll in Moll. In den Städten ist es dann schnell mal vorbei mit der Harmonie, denn fast jeder Laden hat einen großen Lautsprecher in der Tür stehen und versucht, durch möglichst laute Pop- oder Indipop-Musik, die Kundschaft in die Läden zu treiben.

Damit das klar ist, mit diesen und folgenden Zeilen möchte ich natürlich keine Urlaubsträume zerstören und sage schon mal vorab, das mit den Trauminseln (weiß, türkis, etc.), das stimmt so wirklich! Nie bin ich in ein schöneres Meer abgetaucht! Die Temperatur stimmt, der Wellengang ist sanft und der Blick geht bis auf den Grund. Das erste Mal habe ich hier geschnorchelt und sofort eine unendliche Vielzahl an bunten Meeresbewohnern entdeckt, wow! So kann man wunderbar seinen Tag gestalten! Möchte jemand so oder ähnlich seinen Urlaub auf den Fijis verbringen, dann rate ich, nach einem guten Pauschalangebot (Achtung, ist nicht ganz preisgünstig!) für eines der Resorts auf den kleinen Inseln Ausschau zu halten. So lassen sich wunderbar zwei bis drei Wochen Fiji genießen. Die Inseln sind allesamt zauberhaft und es gibt dort eigentlich nur zwei Arten von Unterkünften, Backpacker Resorts und hochpreisige Resorts. Wichtig bei allem ist es, eine Verpflegung mit zu buchen, denn auf den meisten Inseln gibt es keine Restaurants, Orte oder gar Supermärkte.

Trinkwasser wird meistens zu Apothekerpreisen in den kleinen resorteigenen Shops zwischen Sonnenmilch und Schnorchelmasken verkauft. Zwischendurch mal auf die Hauptinsel fahren, das ist nicht so einfach, Das wird einem durch ein Monopol-Transportsystem madig gemacht. Es ist teuer und von der Hauptinsel aus nur als halb- oder ganztägiges Bespaßungspaket zu buchen. Wirklich ärgerlich! Einfach mal so auf eine Insel oder über mehrere Inseln zu hüpfen ist nicht möglich, bzw. wird auch nur wieder in geordnete Combo- und Island-Hopping-Pässe verpackt und verkauft. Zwar gibt es hier und da kleine Halb-private Anbieter, die Dich ein wenig günstiger zu Deinem Backpacker-Resort bringen, aber einfach auf einer Insel halt zu machen und abends wieder abholen, das ist anscheinend nicht erlaubt. Diese Trauminseln sind allesamt in den Händen weniger Cruisinggesellschaften und der Inselresorts. Genau dies macht hier ein planloses, lustvolles und spontanes Treibenlassen als Weltenbummler recht schwierig. Aber dennoch ist es nicht unmöglich!

Alltag

Nach 2 Wochen auf der Hauptinsel Viti Levu haben wir für uns den Bogen raus. Wir haben eine günstige Langzeitunterkunft für die ganzen 6 Wochen, mit genügendem Komfort und netten Kontakten. Da muss ich gerade schmunzeln, denn mein Blick geht durchs Küchenfenster auf die hintere Veranda, da weht unsere Wäsche auf der Leine lustig im Wind. Der Wasserkocher rauscht vor sich hin und zwei Tassen mit körnigem Kaffeepulver warten auf das heiße Nass. (Ja, richtig gehört, Pulverkaffee, ist hier allgegenwärtig. Einen richtigen Cappuccino oder Filterkaffee gibt es nur in ausgesuchten Läden und ein Besuch dort gehört für uns durchaus zu den kulinarischen Highlights.) Nach den zwei Monaten steter Unrast in den USA, stellen sich jetzt geradezu vertraute und heimische Gefühle ein. Bestimmte Rituale und Gewohnheiten haben sich eingefunden, hier in dieser völlig fremden und ungewohnten Umgebung. Und das genieße ich durchaus. Zum Beispiel jeden Tag einen ausgiebigen Strandgang oder täglich eine "The Fiji Times" zu kaufen und sie im Laufe des Tages auch von vorn bis hinten zu lesen. Als Zeitungs-und Zeitschriftenjunkie ist für mich der Übergang von den USA, mit der riesigen Auswahl an Druckerzeugnissen, und jetzt hier auf den Fijis, wo es eigentlich nur eine lesbaren Tageszeitung gibt, recht krass! Übrigens ist "The Fiji Times", die erste Tageszeitung, die jeden Tag auf der Welt erscheint, hat was, oder?

Happyend

Von unserem Dauer-Domizil aus, bei Nadi gelegen, werden wir noch viele Touren unternehmen, in die Berge, in die Hauptstadt Suva, in die "Zuckerstadt" Lautoka, zu den großen Sanddünen nach Rakiraki, an die Korallenküste, zu den heißen Quellen und immer wieder mal auf eine Insel (natürlich mit einem zuvor gebuchten Rundumsorglos-Paket).

... und wieder stelle ich fest, dass ich Euch so viel noch gar nicht erzählt habe. Was ist mit unserer ersten Kava-Nacht, der zweiten und dritten? Wer nimmt wen, warum unterwegs mit und wie ist es mit den öffentlichen Verkehrsmitteln zu fahren? Wie und was wird gekocht, was auf den Märkten verkauft? Wie sehen die Besen aus und was ist das beliebteste Schuhwerk? Noch kein Wort, von ein paar schillernden Fischen abgesehen, habe ich über die eindrucksvollen Tier- und Pflanzenwelt verloren oder über die Mode: Männer in Röcken! Absolut nachahmenswert, das gefällt mir! ... aber davon und mehr, ein anderes Mal.

Und genau in diesem ganzen Mischmasch aus den Höhen und Tiefen offenbart sich, nach längerer Zeit, auch eine Schönheit, die man sich eben erst ein wenig erarbeiten muss. Dann entdeckt man schnell an jeder Ecke offene und freundliche Menschen, die, jenseits von Geschäftemacherei, immer gern bereit sind für einen Plausch. Man liest und hört, wie Bildung und Umwelt zunehmend eine Rolle in der Gesellschaft spielen und wie sich engagierte Bürger und vor allem auch Frauen, zunehmend für ihre Themen einsetzen. Da fehlt nicht viel und bei mir springt der Begeisterungsfunke selbst für Rugby und für das Kava-Trinken noch über!

- **Süßer Besuch: Sugar Mill, Lautoka, Fiji**

Viel zu spät, wie sich später herausstellte, verließen wir den ungefederten und fensterscheibenlosen Bus. Wir haben uns für das falsche Tor entschieden. Dort fuhren ständig Lastwagen mit ihrem Zuckerrohr hinein. Die Straße war unbefestigt, der Hof erst recht, seit Tagen hat es nicht geregnet, also Staub ohne Ende. Mittendrin ein kleines besetztes Pförtnerhäuschen. "Bula!"- "Bula!" "we have an appointment here at 10h to visit the sugar mill." hoffnungsfrohes Lächeln hier, freundliches Lächeln zurück. Moment. Anruf. Dann:"wait here, please!" - Aus der staubigen Ferne sahen wir bald einen rundlichen Mann langsam auf uns zukommen. Nach einiger Zeit:“Bula!“ Händeschütteln, unser Text. Sein Text:"...not here. Must go out ... left, not the next gate, go more left... then." Alles war einigermaßen klar. Ganz klar ist hier selten eine Ortsangabe. Das liegt zum Teil oft an dem recht unverständlichen Fiji-englisch, aber zum anderen auch daran, dass man hier ungern fest legt, einfach keine exakten Angaben mag oder nicht macht, was weiß ich. Es ist ähnlich wie mit den Bushaltestellen, nix genaues hat man eben gern.

Bis wir dann endlich dort waren, wo man sich richtig um uns kümmerte, gab es noch einige kurze Dialoge und wirklich viel Staub!

kurz davor

Nun sitzen wir, blaubehelmt, vor einer Baracke auf der Bank und wissen eigentlich wieder nicht, wer sich wann und ob sich überhaupt jemand um uns kümmern wird, wir sind aber optimistisch.

Zwischenzeitlich gab es genug aufzuarbeiten, denn immerhin sind wir schon durch einige Büros geführt worden, bekamen einen Helm, Besucherausweise und einiges zu sehen. Da kamen uns automatisch die Arbeitsbestimmungen für deutsche Büroplätze in den Sinn. Diejenigen, die zum Beispiel regeln, wie die Stühle beschaffen sein müssen um Rückenschäden zu vermeiden, wie Bildschirmhöhe und -winkel ausgerichtet sein müssen, um die Augen zu schonen, so etwas in der Art halt. Ich vermute, bevor hier die Augen tränen oder der Rücken schmerzt, was bei dem alten und zerschlissenem Gestühl bestimmt recht schnell der Fall sein wird, steht man einfach auf und dreht 'ne Runde, macht Pause, trifft sich mit Kollegen oder verrichtet Anderes. Gestressten Mienen sind wir jedenfalls weder in der Fabrik noch in den Büros begegnet, ganz im Gegenteil. Gerade, als wir die Vorstellung, wie viel Zucker mehr wohl auf diese Welt einrieseln würde, stellte man allein diesen Betrieb auf größtmögliche Effizienz um, genussvoll ausschmücken wollten, gerade da kam ein schmächtiger Inder, Samy, mit Helm und Safty Weste auf uns zu. Er brachte uns zum Headquater Office. Es unterschied sich nicht groß von den anderen Büros, also nichts von wegen "Teppichetage".

Hier stellt man offensichtlich neues Personal ein, hält Schulungen und die Sicherheitsabteilung ist auch integriert.

es geht los - die Einführung

Wir wurden kurz aufgeklärt: 1870 fanden auf den Fijis die erste professionelle Zuckerherstellung statt, diese Zuckermühle in Lautoka gibt es schon seit 1926, die FSC (Fiji Sugar Corporation) besitzt heute 4 Zuckermühlen auf den beiden Hauptinseln. Das Zuckerrohr wird mit LKWs und hauptsächlich mit der kleinen Zuckereisenbahn, Cane Trail, von den entfernt gelegenen Feldern der ganzen Insel bis zu den Mühlen hin transportiert. Das einzige Schienennetz auf den Fijis und nur für Zuckerrohr. Mit kleinen Dieselloks werden nummerierte Wägelchen voll beladen zu den Mühlen gebracht. Die Felder werden meist noch mit der Sense geerntet. 5-7 Jahre kann man, einmal im Jahr, die Rohre schneiden, dann heißt es roden und neue Sprossenstücke aussetzen, aus denen in Turbogeschwindigkeit neue Halme wachsen.

Die Zuckerindustrie ist für Fiji der wichtigste Exportzweig und so gibt es im Parlament dafür extra einen Zuckerminister.

Das Zuckerrohr wird bei den Mühlen angeliefert, gewogen und geschreddert, so dass das Mark frei liegt. Dann kommt diese Masse in riesige, schwere Mühlen und dort wird der Saft ausgepresst. Die Faserreste, Bagasse, wird praktischerweise gleich zur Energiegewinnung der Mühle verwendet. Der Saft wird im nächsten Prozess erhitzt und durch Zugabe von Kalk gesäubert.

In mehreren Prozessen wird der klare Saft, durch Erhitzen und Verdampfen von Wasser, konzentriert. Haben die Kristalle eine bestimmte Größe und Konzentration erreicht, wird dieser Sirup erhitzt und zentrifugiert. Feine Kristalle entstehen. Der "unbrauchbare" Rest wird direkt weitertransportiert zur nahe gelegenen Rum-Destillerie. Der Rohzucker wird in einer Trommel mit heißer Luft getrocknet, abgekühlt und dann für den Transport verpackt. 2010 wurden 2,2 Millionen Tonnen Zuckerohr geschreddert und daraus hat man 167.611 Tonnen Rohzucker gewonnen.

Nach diesem Vortrag, mit flüchtigen Kritzeleien auf der Tafel untermalt, gesellte sich noch eine Gruppe von sechs Franzosen zu uns. Leider verstand nur eine Frau ganz wenig englisch, was eine Kommunikation fast unmöglich machte, was aber zum Glück die Wiederholung der Einführung auf zwei Sätze abkürzte.

es geht los - der Rundgang

Dann ging es endlich ab in die Mühle. Mit unserem reizenden Samy staksten wir im Gänsemarsch durch die laute, staubige, klebrige Anlage. Hinter jeder erklommenen Eisentreppe befanden sich im Halbdunkel neue riesige Kessel und Behälter, in denen die unterschiedlichen Bearbeitungsstufen stattfinden, die der Zuckersirup durch macht. Überall trafen wir auf freundliche Arbeiter, die immer wieder uns allen die klebrige Hand schütteln wollten oder zumindest einen kurzen Smalltalk begannen, in dem wir uns die Namen und Nationalitäten gegen den Lärm zubellten. Klebrig war bald alles, besonders die Hände, denn ab Stufe Melasse, gab es von Samy oder den Mitarbeitern immer reichlich Zuckerproben auf die Hand. Durch erwartungsvolles Nicken wurden wir jedesmal aufgefordert, zu probieren. Heißen Kessel kämpften gegen die Hitze von draußen, alles war hier irgendwie halb drinnen und draußen. Es gab den Lärm der Maschinen, klebrige Hände und Münder und alle folgten wir brav und interessiert auf engen Gitterstiegen unserem Samy. Wir haben ihn hinterher, für uns, Mr. Slippery getauft. Denn, da die Franzosen kein englisch sprechen konnten und es überhaupt sehr laut war, begleitete er alles, was er sagte, mit einer ausgeprägten Körpersprache und Mimik. Kam ein besonders glitschiger Weg, ging er plötzlich in die Knie, um mit seinem schmalen Hinterteil hin- und her zu wedeln, drehte sich dabei mit bedeutungsvollem Blick zu uns, um uns ein "slippery!" zu zurufen. Diese Einlagen allein waren schon einen Besuch der Anlagen wert.

danach

Klebrig, schwitzend, beeindruckt und wieder um etwas Wissen bereichert, verließen wir die Anlage zum Abschlussgespräch. Es gab noch einige Infos, Adressenaustausch und schließlich sind wir mit dem Sicherheitschef der Anlage, ein indischer Meisterbowler laut eigener Aussage, in seinen nahe gelegenem

Bowling Club spaziert. Wir wurden dort zum unvermeidlichen Kavatrinken eingeladen.

Es folgten diverse Einladungen zu Bowlen, zum Essen und die Aussicht, nächste Woche die nahegelegene Rum-Destillerie, zu besichtigen. Wie schon erwähnt, wird dort ein Teil der Melasse zur Herstellung des starken, braunen Fiji-Rums, Bounty, verwendet.

- **Wat Koh Chang Thai**

Für den geographischen Anschluss in Kürze: Malaysia, Kuala Lumpur, Kuantan, Cherating, Jerantut, Taman Nagara, Kota Bharu, Süd-Ost; Thailand, Hatyai, Songkhla; Malaysia, Penang (wg. Visa); wieder Thailand, Hatyai, Don Sak und mit der Fähre auf die Urlaubsinsel Ko Samui, das heißt übersetzt Urlaubsinsel Insel Samui, denn "Ko" oder auch "Koh" heißt "Insel", so einfach ist das.

Eine bescheidene Hütte direkt am Strand, am eher beschaulichen Maenam Beach, Nordküste. Mit einer unverschämt wunderbaren Aussicht auf den thailändischen Golf und auf Ko Phangan. Eine kleine, dörfliche Infrastruktur im Hintergrund rundet unser Vergnügen ab.

Dies alles zur hiesigen Regenzeit, dementsprechend lässig und ruhig geht es hier zu. Ein schönes Gefühl zur rechten Zeit am rechten Ort zu sein. Mit nur einigen Regenschauern am späten Nachmittag oder nachts ist das sonnige, tropische Wetter für uns perfekt.

"unser" Viertel

Beschaulich geht es zu in unserem Viertel. Die Touristen werden immer weniger. Niemand drängt hier zur Einkehr, zum Kauf. In der Mittagshitze schlafen Hunde, wie plötzlich tot umgefallen, mitten auf der schmalen Straße, Katzen liegen beschnurrlich zusammengerollt vor den Eingängen. Im kleinen Wat (=Tempel) in der Mitte der Querstraße zündet eine junge Frau mit ihrem kleinen Sohn einige Räucherstäbchen an. Die lauten Farben des kleinen Tempels machen die Stille fast sichtbar. Nur ab und zu knattert ein Motorrad vorbei. Jedes Haus ist ein Unikat, was sag ich, erzählt eine eigene Geschichte. Erzählt vom Auswandern, von Geschäften und Nationalitäten, von Kindern, der Familie, von Reichtum, von Überforderung und friedvollem Dasein.

Immer wieder, schon seit Malaysia, bewundere ich die zahlreichen, üppig wuchernden Kübelpflanzen vor den meisten Häusern. Oft kommen noch kleine Steinbecken oder Kübel mit Seerosen und anderen Wasserpflanzen hinzu. Das lenkt den Blick ein wenig ab von den kunstvoll verschnörkelten, bewohnten Vogelkäfigen, die oft an den Dachenden herunterhängen. In meinen Träumen streife ich nachts heldenmutig durch Thailand und öffne alle Käfigtüren.

Vor einigen Läden sieht man schon Sandsäcke gestapelt, bereit für den Ernstfall.

Der Nord-Ost-Monsun war bisher kaum zu spüren, soll aber laut Vorhersage bald heftiger werden. Vor vereinzelten Überschwemmungen auf Ko Samui wird gewarnt. Nur zu aufmerksam verfolgt man hier täglich die Nachrichten aus den Regionen nördlich von Bangkok. Da viele Güter über Bangkok im Land verteilt werden, wird es auch hier spürbar leerer in manchen Regalen.

Aus den Kanälen längs der Straße steigt hin und wieder ein übler Kloakengeruch hoch. Schon seit Kuala Lumpur verfolgt uns dieses Phänomen. Ich glaube fast, es stört mich nicht mehr ganz so arg.

Wirklich ärgerlich allerdings, wenn es gerade vor unserer Frühstücksgarage "about cafe" stinkt. Nur die frisch gemahlene Kaffeemischung, der sporadisch funktionierende WiFi Zugang sowie die "Bangkok Post" vom Vortag lassen uns dann den Geruch für kurze Zeit vergessen. Es gibt hier nur wenige Orte, wo man ab halb acht schon einen Kaffee oder gar Frühstück bekommt. Die Bars und Restaurants schließen jetzt früh am Abend, dafür kommt man morgens auch nur spät in die Gänge. Ein Kunstmaler, am Ende der Straße, direkt am Strand gelegen, bietet "Breakfast" für originelle 99 Baht ... Zusammen mit seinem bezaubernden, rotgetigertem Kater kann man sich eine Bank teilen und immerhin bereits kurz nach sieben, einen heißen, löslichen Kaffee trinken. Mit einem ganzen Frühstück wollen wir ihn so früh lieber nicht belasten. Seine Werke lehnt er nach und nach an die Hauswand. Es ist ein wenig das Malen mit Motiven, die sich verkaufen könnten: Buddha-Gesichter in allen Formen und Farben, hin und wieder eine Art Picasso, eine Seerose oder modern in Szene gesetzte Tulpen (war da mal eine heiße Sommerliebe mit einer Holländerin?). Er selbst jedenfalls lässt äußerlich keinen Zweifel an seinem Dasein als Künstler aufkommen: gutaussehend, mit braunem Teint und einem langen schwarzen Zopf, lässigem Schmuck und seinem charmanten Grinsen.

Unser Viertel ist so überschaubar, dass man nicht nur nach 2 Wochen die meisten Bewohner kennt, man weiß auch um ihre Gewohnheiten, wann, wer, wo auftaucht und hingeht. Kein Wunder, denn das Leben spielt sich hauptsächlich auf der Straße ab. Die Wohnzimmer der Thai-Familien reichen hinaus bis auf die Straße und nicht selten wird man im Vorübergehen Zeuge von Chips-Exzessen vor dem Fernseher, Essenszubereitungen sowie anrührenden Erziehungsszenen.

ich sag's mal einfach so

Überhaupt, Thailand, Land des Lächelns, der Tempel und der viel gepriesenen Küche! All dies möchte ich nicht in Abrede stellen, - jedenfalls nicht so absolut, resolut. Aber ich werde das Gefühl nicht los, dass viele dieser schwärmerischen Berichte von Reisenden stammen, die in Hotels und Ressorts untergebracht sind, in denen bildhübsche Thaimädchen und -jungs dazu ausgebildet wurden, zu dienen und zu lächeln.

Dort, wo die Thaiküche wohlgefällig dem kulinarisch-anspruchsvollen

Weltengaumen angepasst ist.

Alles geschieht dem zahlenden Gast zum Wohlgefallen und mit Glück auch mal ein wenig darüber hinaus.

Als budgetreisende Weltenbummlerin, in Gelegenheitsunterkünften wohnend, werde ich hier in Thailand genau so oft bezaubernd und entwaffnend angelächelt, wie in Malaysia, in den USA oder auf den Fijis. Es gibt Suppenküchen auf der Straße, die möchte man glatt samt Köchin mit nach Hause nehmen. Aber auch langweilige Suppen mit noch langweiligeren Einlagen werden verkauft. Es gibt einfache und saubere Straßenküchen, wie die unseres thailändischen "Jamie" auf der Ringstraße. Gleich nebenan sehe ich eine verdreckte und schlampige Küche, weniger einladend. Mal bietet man uns zweifelhaft gelagerte und außergewöhnliche Tiere an, frittiert oder gegrillt, aber auch leckere, grüne-, rote- und Massaman- Curries, die ich wieder und wieder essen kann. Am besten alles ordentlich chilischarf! spicy! Ich genieße das leichte oder auch mal stärkere Brennen im Mund, noch lange nach dem letzten Bissen!

ich entdecke also

Die Sprache zum Beispiel, sie klingt wie eine nasale Mischung aus dänisch und chinesisch. Mit Vorliebe ruht man sich ein, zwei Töne lang auf der letzten Vokalsilbe aus, was sich dann oft etwas quengelig anhört.

Sowieso "ausruhen", das ist einfach kein Thema hier. Man macht es einfach, überall und wann immer einem der Sinn danach steht. Besonders beneidenswert ist die Fähigkeit der Thailänder, in fast jeder Lage und Position schlafen zu können. Egal ob es lange Busfahrten oder Flüge sind: hinsetzen, Augen zu und weg. Oder einfach mal zwischendurch am Arbeitsplatz, hinter der Theke, auf einer Treppe, auch gern mal zusammengerollt auf einer Ablage: hinlegen, Augen zu und ab ins Traumland. Dabei unterstützt sie ihre kleine Statur und ihre Gelenkigkeit.

Oder sie hocken. Dabei berührt das Gesäß soeben nicht den Boden, die Fußsohlen sind ganzflächig aufgestellt und die Knie dienen als Auflagefläche für die Arme. In dieser Position wartet man auf den Bus, raucht eine Zigarette oder ruht sich einfach etwas aus, wenn man gerade mal nicht schlafen möchte.

Da ist eine kleine Thailänderin, die hier unter anderem wohl für die Sauberkeit der Häuschen zuständig ist, denn ich sehe sie ab und an mit Besen und Feudel herumlaufen. Sie hat es bisher mit dem Tagesschlafen zur Meisterschaft gebracht. Immer sehe ich sie irgendwo, zusammengerollt wie ein Kätzchen, schlafen. Höre sie manchmal sogar schnarchen. Bis jetzt haben wir nicht herausgekriegt, ob sie die ganze Nacht noch irgendwo arbeitet, sich amüsiert oder ihren Tagesschlaf einfach zusätzlich zum Nachtschlaf genießt.

Das Klima ist jedenfalls wie geschaffen dafür und ist man erst einmal eine Weile hier, dann entdeckt man auch bei sich selbst ein ungeahntes Trägheitspotential.

Quirlig und aufgeregt geht es augenscheinlich nur beim Essen und Kochen, sowie im Straßenverkehr zu.

Dies sind natürlich nur Beobachtungen, die ich hier ganz subjektiv niederschreibe. Keinesfalls sollen meine Zeilen dieses sympathische Volk zu Faulenzern und Schlafmützen abstempeln. Ich schätze mal, sie haben es einfach perfektioniert, mit möglichst wenig Energieaufwand mal mehr und auch mal weniger glücklich im Jetzt und mit ihrem tropischen Klima zu leben. Und wir jetzt für eine Weile mit ihnen.

Nicht beschrieben bleibt wieder so einiges, wie immer. Kein Wort von den interessanten Märkten, den Stinkefrüchten und den Kotzgurken, von den verwahrlosten Tempeln und den "Pflicht-Mönchen", von Auswanderern und Hiergebliebenen, von faszinierenden Aussichten, von der Pflanzenwelt, den Balloons, den plötzlichen Knallereien, den Selbstverstümmelungen zum Vegetarierfest, von Wasserfällen, Geisterhäusern, armen Tigern und Elefanten, Schweiß, Ventilatoren, Mücken, Mangos, Kokosnüssen, Samosas und Rota Canais, von Stirnlampen und vom richtigen Zeitpunkt weiter zu ziehen (...)

Ach ja und: "wat ko chang thai", Ihr ahnt es sicher schon, ist eine recht sinnlose Aneinanderreihung von bekannten thailändischen Wörtern: " Tempel Insel Elefant Thai" . Die Sprache finde ich unglaublich schwer zu lernen, nach gut einem Monat kann ich nicht mehr als wenige Höflichkeitsfloskeln und eben ein paar oft benutzte Hauptwörter.

• Thailand, Land des Essens

"ceno, ergo sum" so mag ein thailändischer Philosoph und Beobachter in die lateinischen Schulbücher schreiben ("Ich esse, also bin ich!"). Sie essen. Immer, so scheint es. Leidenschaftlich, überall, nicht viel, aber ständig. Kaum jemand würde sich hier weiter als zweihundert Meter von der nächsten Suppenküche oder einer anderen Essensquelle entfernen, ohne einen anständigen Vorrat verschiedener Speisen mit sich zu führen.

Wo gibt's denn hier was zu essen?

Küchenwagen und Suppenküchen säumen die meisten Straßen in den Städten und Dörfern. Dort gibt es Curries, Nudelsuppen, Satespieße frisch vom Grill (oder auch Satyspieße, das sind Hähnchen-oder Schweinefleischspieße, mariniert mit einer würzigen Kurkumasoße) , Eis, Kaffee, Desserts, getrocknete Knabbereien oder frisches Obst, verzehrfertig aufgeschnitten.

Diejenigen, die nicht mit dem Verkauf oder Verzehr von Speisen direkt beschäftigt sind, kaufen sich gerade etwas Essbares oder tragen das soeben Gekaufte in

Plastikbeuteln und Schachteln verpackt mit sich herum.

Die Möglichkeit, jederzeit etwas essen zu können, scheint hier genauso wichtig, wie die ständige Verfügbarkeit von Atemluft. Ich übertreibe nicht!

Feste werden meistens mit einem Überangebot an vielen verschiedenen Gerichten gefeiert.

Letztens, in Cha Am, sind wir auf dem Dorfplatz zufällig und unwissend in eine Feier zum Todestag eines uns (natürlich) unbekannten Herren, hineingeraten. Es ähnelte einem Volksfest! Die Tochter des kam sofort durch das gut gelaunte Gewühle auf uns zu und lud uns herzlich und nachdrücklich ein, von allem zu essen bis wir satt seien. Voller Neugier ließen wir uns an den Ständen in Bananenblättern verpackte Überraschungspakete in die Hand drücken. Mal waren sie mit scharfer Fischpastete gefüllt, mal mit sticky (klebrigem) Kokosreis. Bunte, süße, in Öl gebackene Kringel, gebratener Reis mit Meeresfrüchten, unreife Mangos mit Chilipulver, frischgebackenes Krupuk, aufgespießte Fischbällchen süßsauer und so fort, eine wirklich sympathische Art der Toten zu gedenken.

In allen Städten gibt es zusätzlich zum Standardangebot Nachtmärkte, Foodmarkets oder auch sogenannte Walking Streets, wo täglich oder wöchentlich unzählige Verkaufsstände aufgebaut werden. In der Hauptrolle, die Essensstände.

man isst sich so durch den Tag

Es gibt keine besonderen Essenszeiten. Allenfalls Küchen, die morgens aufmachen und gegen Nachmittag verschwinden. Dafür tauchen gegen Abend wieder völlig neue mobile Küchen auf der Straße auf. Obwohl alles auf dem ersten Blick chaotisch und wuselig wirkt, ist es immer wohlorganisiert: Wer, wann, wo und vor allem womit erscheint. Sitzhocker, Tische, Papierservierten, die unverzichtbaren Ständer mit den vier Basiswürzen: Fischsoße, Zucker, Chilis und Essig, der Grill mit Kohle, alles wird auf einem seitlichen oder hinteren Mopedanhäger Platz finden und jeden Tag auf- und abgebaut. Wahnsinn! Die Eiskiste für die Getränke, die Getränken selbst, Wasser, sämtliche Zutaten, die Kochstelle, eine Gasflasche, einfach alles muss mit. Kind und Hund werden noch seelenruhig zwischen die Beine geklemmt und zügig schlängelt man sich so durch den tosenden Verkehr.

Morgens bevorzugt man oft eine einfache Reissuppe um den Magen langsam aufzubauen. Zeitgleich werden überall kleine Holzkohlengrills entfacht, denn der Hunger nimmt schnell Fahrt auf. Einmal für die erwähnten Satespieße und entsprechend größere Grills für Hähnchen oder für ganze Schweine. Das "küchenfertige Tier" wird dazu aufgeschnitten und auseinander geklappt, etwas plattgemacht und aufgespießt. Dann wird es mit viel Ausdauer mal schnell, mal langsamer über der Glut gedreht bis es recht dunkel ist. Insgesamt ist das nicht so meine Abteilung.

Spätestens ab zehn hört man vermehrt emsiges Wokrühren, Gemüsehacken oder das Zischen von Frittiergut in heißem Fett, meistens Palmöl.

Hier hinein landen dann so eine Art Schmalzgebäck, Frühlingsrollen, Bananen in Kokosteig, Garnelen in Tempurateig, leckere Fischküchlein und so fort. Erstaunlicherweise schmeckt es meistens richtig gut und gar nicht so fettig wie erwartet. Man hat auf der Straße einen freien Blick in den Wok und sieht erfreulich oft frisches, hellgoldenes Öl. Da es fast allesamt Könner am Wok sind, hat das Öl, durch die direkte Hitzezufuhr einer Gasflamme, immer genau die richtige Temperatur. Somit keine Chance für die Frühlingsrolle, sich mit Fett voll zu saugen. Wirklich erfreulich. Zu meiner Freude gibt es auch hier im Norden Thailands noch oft, die von mir in Malaysia kennengelernten Roti Canais mit Banane. Ein sehr flüchtiger Beobachter würde dazu "Viereckiger Bananenpfannekuchen" sagen. Mit Entsetzen sehe ich, wie diese knusprige Köstlichkeit von den meisten mit viel Zucker, einer gehörigen Menge an Dosenmilch und einer dicken Spur Schokosoße "veredelt" wird. Es gibt auch Stände und Küchen deren Besitzer Dinge anbieten, dagegen sind die Roti Canais mit Dosenmilch noch voll im Rahmen des kulinarisch Vorstellbaren für uns Europäer - und ich denke da an wirklich ungewöhnliche Speisen.

So wandere ich durch die Straßen und es riecht immer nach Essen. Auch im Zeitungsladen, in der Hotellobby, im Bus oder beim Optiker, irgendwo zaubert immer jemand ein Essen aus Unmengen von Plastiktüten hervor und der Essengeruch verbreitet sich in Windeseile.

Wem das Angebot am Straßenrand nicht reicht, der hält einfach eine mobile "Futterstation" auf der Straße an. Das kann jemand sein, der seine Köstlichkeiten in zwei Körben an einer geschulterten Stange mit sich herumträgt oder auch jemand, der per Rad oder Moped herumfährt und sich mit einer Lufthupe ankündigt.

Meine Favoriten sind hier der Obstwagen, mit perfekt geschälter Ananas am Spieß oder einer frischen Trinkkokosnuss. Ach ja, und der Salatwagen, zu erkennen am großen Holzmörser. Denn hier gibt es den berühmten Papaya Salat. Som Tam.

Som Tam

Für meinen Lieblingssalat, den scharfen Mango- oder Papayasalat, geht es nach Bestellung am Wagen wie folgt los: junge, ungeschälte Knoblauchzehen, etwas Palmzuckerpaste, einige Spritzer Fischsauce und Limonensaft sowie, je nach Schmerzfähigkeit 1-5 kleine, frische Chilischoten und getrocknete Shrimps verschwinden in einen großen Holzmörser und werden mit wenigen Stößen angequetscht und vermengt. Als Salat folgen dann einige rohe, grob zerteilte Longbeans (grüne, lange Bohnen, die man roh essen kann), Tomatenviertel und in Streifen geraspelte, unreife Papaya oder Mango. Geröstete Cashewkerne oder Erdnüsse und frischer Koriander krönen diese Geschmacksexplosion. Am besten schmeckt der Salat, wenn alle Geschmacksrichtungen, plus Schärfe, sämtliche

Papillen auf der Zunge bis aufs äußerste reizen.

Für Deutschland, wo diese Papayas und Mangos kaum zu bekommen sind, würde ich es mit Zucchini probieren. Die rohen Bohnen dann entweder ganz weglassen oder durch junge, gegarte Sojabohnen (Edamame) ersetzen. Schmeckt auch wunderbar als Gurkensalat, hierzu die Gurke ohne Kerne, fein raspeln.

Ab in die Tüte!

Begibt sich der Thailänder aber nun, wider erwarten und -willen, in ein Gebiet außerhalb eines Versorgungsgebietes, so führt er vorsorglich eine Sammlung verschiedener Speisen mit sich. Meistens in unzähligen Plastiktüten und Tütchen verpackt. Das ist eine Kunst für sich. Knallheiße Nudelsuppe wird mit Trichter in durchsichtige Plastikbeutel gefüllt, dann an den Enden zusammengefasst, so dass sich über dem Inhalt alles mit Luft füllt. Verschlossen wird dieses pralle Beutelchen dann mit dünnen Gummiringen, die mindestens neununddreißig Mal, blitzeschnell um den Endzipfel geschlungen werden. Derart verpackt wandern dann Nudelsuppen, Reisgerichte, Salate, Frittiertes und in Miniformat die jeweils passenden Würzsaucen dazu, in größere Plastiktüten.

Natürlich haben wir das auch ausprobiert. Ich bin los und habe an verschiedenen Ständen Essbares zum Mitnehmen zusammengekauft. Mal ganz abgesehen von der unschönen Müllansammlung, ist die Handhabung wohl Trainingssache. Allein schon, diese Beutel von den Gummiringen zu befreien, ohne dass sich der heiße Inhalt über Finger, Tisch und Schoß ergießt. Für uns war es eine einzige Matscherei und zum Schluss sah der Tisch aus, als wären streunende Hunde und Katzen über eine Mülltonne hergefallen. Ich kann nicht einmal genau sagen, wie und ob uns das Essen überhaupt geschmeckt hat. Die Handhabung hat die Kulinarik eindeutig überlagert.

Verdammt, jetzt hab ich aber richtig Hunger gekriegt! - und ab ...

- **Zu Ostern: ThEIland**

Auch dieses Jahr gibt es zu Ostern einen Eierartikel, was sonst? Das fällt mir nicht schwer, denn zurzeit sind wir in einem richtigen Eierland, in Thailand! Ja, im Ernst, niemand würde zuerst an Eier denken, wenn es um thailändisches Essen geht, oder? Ich bis letztes Jahr auch nicht. Ich dachte da eher an Reis, Zitronengras und Chili, vielleicht noch an die Satespieße, aber nicht unbedingt an Eier. Dabei sind Eier hier überall gegenwärtig:

Sie werden zwischendurch, hauptsächlich vom männlichen Geschlecht, roh ausgeschlürft; sie sind eine unverzichtbare Zutat für hiesige Gesundheits- und

Kraftelexiere; werden ins morgendliche Reisporridge eingerührt; fast jedes Reisgericht ziert ein beidseitig gebackenes Ei;

hartgekochte Eier werden frittiert und in Salate gemischt; in den Supermärkten, auf den Märkten und in den Straßenläden, überall sieht man stapelweise Eier-Lagen. Auch Wachtel-, Enten- und andere Vogeleier gehören zum Standardsortiment.

Und dann gibt es noch - die Eier in Rosa. Nicht in Massen, aber doch so häufig, dass man bald neugierig wird. Steckt eine bestimmte Hühnerrasse dahinter? Schließlich kennen wir bei uns die lindgrünen Eier von den Grünlegern. Gibt es also thailändische Rosaleger? Oder sind sie angemalt? Vielleicht ein geheimnisvoller Kult ums Ei, wie bei uns zu Ostern? Da hilft nur eins, kaufen, ausprobieren und Leute befragen.

Inzwischen bin ich soweit im Bilde, dass ich Euch einige Infos geben kann. Vorweg, nein, ich habe sie so direkt nicht gegessen. Wie heißt es so schön? Das Auge isst mit? Mein Auge wollte nicht mitessen. Das Eiweiß ist dunkelbraun und gallertartig, das Gelbchen schwarzgrün und es umweht sie ein Hauch von Schwefelduft. Wohl eher eine Festspeise zu Helloween oder dem Hexensabbat als zu Ostern. Man darf sich da von der schönen rosa Coloration nicht verleiten lassen. Diese Eier sind tatsächlich so eingefärbt und zwar nur, damit sie nicht mit den normalen Eiern vertauscht werden. Na, die Überraschung am Frühstückstisch möchte ich mal jemandem bereiten.

Nun zu den Fakten. Diese Eier werden auch tausendjährige oder hundertjährige Eier genannt, ebenso Pferdepisseeier oder Ledereier. Die Namen sind allesamt recht passend. Nein, in Pferdeurin werden sie nicht eingelegt, nur der Geruch erinnert ein wenig an Ammoniak. Lederartig ist die Konsistenz und eingelegt werden die Eier immerhin gute drei Monate lang. Die Zutaten der Lake variieren leicht, meist ist es eine Mischung aus Kohle, Lehm, Salz, Zitronensaft, Teeblättern und Reisspelzen. Mit der Zeit fängt dann diese Mischung an zu gären und beginnt eifrig auf die Eier einzuwirken.

Verständlich, dass einem Mitteleuropäer, bei der Beschreibung, bei diesem Duft und Anblick, nicht gerade das Wasser im Munde zusammen läuft.

Noch während ich mich kundig machte, die Eier aufschnitt und fotografierte, fiel mir ein, dass ich sie tatsächlich schon einmal auf einem Night Bazar in Mae Hong Son gegessen haben muss. (Sogar) mit Appetit. (Weil) Unwissend. Es waren mit Tempurateig ummantelte, frittierte, aufgespießte "Pferdepisseeierstücke" mit Thaibasilikum und Chilisoße.

Ich wünsche Euch bunte und fröhliche Ostertage mit viel Genuss und Frühlingssonne!

● Lange Schatten

Heute ein Bleibe- statt Reisebericht, denn, auf einmal gibt es Stillstand und zwar mit viel Bewegung: ein Haus mit Garten und Hund sind uns für einige Zeit anvertraut.

Gerade noch frei wie ein Vogel. Immer unterwegs, wohin es uns gelüstet. Heute hier, morgen weiter. Jede Nacht in einem anderen Bett. Mal mit Frühstück, mal ohne! Lange Zugfahrten, lange Fußwege, Busfahrten durch fremde Städte, Motorradfahrten durch faszinierende Landschaften. Rasten und staunen, wann immer uns der Sinn danach steht. Neue Menschen kennenlernen. Fremde Fauna und Flora bewundern, Gerichte kosten, deren Zutaten völlig außerhalb unseres Erfahrungsschmatzes liegen. - und plötzlich: ein fester Wohnsitz und ein Hund. Wirklich krass, der Gegensatz dieser Lebensstile.

Morgens gegen halb sieben, liegt eine Hundeschnauze auf der Matratze. Zwei reizende, braune Augen suchen den ersten Blickkontakt des Tages. Mit angestrengter Ignoranz gelingt es mir meist die Räkelphase im Bett bis kurz vor Sieben zu verlängern. Unter ungeduldigem Gestubse streife ich das Zeug vom Vortag über und schon schnuppern wir, mit zunehmender Lebensfreude, die frühe Morgenluft am See.

Nur kurz ist diese erste Begegnung mit der Außenwelt. Frühstück heißt das lockende Zauberwort. Erst für den Hund, dann für uns Menschen. Die von mir so sehr geschätzte, druckfrische Zeitung, mit der letzten Tasse Kaffe ..., es bleibt der sehnsuchtsvolle Gedanke daran. Auch hier, in dörflicher Umgebung, zwanzig Kilometer von Chiang Mai entfernt, ist an eine aktuelle, englischsprachige* Zeitung zur rechten Zeit eben nur zu denken. Seit wir unterwegs sind, gibt es morgens entweder keine Zeitung in der Nähe zu kaufen und wenn, dann auf keinen Fall eine englischsprachige, und wenn, dann so gut wie nie vom selben Tag.

Nach dem Frühstück, wenn alle satt sind und verdauen, bleibt mir Zeit für den ersten (!) Blick in den Spiegel. Nie hätte ich bisher für möglich gehalten, dass es Tage geben wird, an denen ich mich der Außenwelt zeige, ohne zuvor nicht selbst, zumindest einen ersten, prüfenden Blick in den Spiegel geworfen zu haben. Von Wäsche, Pflege, Frisur und dem üblichen Kosmetikkrams einmal ganz abgesehen. Doch schon die letzten zwei Monate, unterwegs auf Sumatra und in Vietnam, zeigten mir, dass dies durchaus möglich ist und zwar ganz ohne negative Folgen für das eigene und anscheinend auch für das Wohl der Anderen. Die ersten frühmorgendlichen Begegnungen jedenfalls fallen auch hier allesamt freundlich und entspannt aus.

Einigermaßen vorzeigbar, geht es nach dem Frühstück auf in die zweite Gassirunde. Schwerpunkte sind jetzt, das große Geschäft und kurze Sprintstrecken. Ich hätte nie geglaubt, dass es mich einmal mit Befriedigung erfüllen wird, wenn ein Hund einen ordentlichen Haufen zur rechten Zeit, am rechten Ort absetzt.

Ein angenehmer Begleiteffekt dieser Gassirunden, ich brauche für eine ausreichende körperliche Bewegung die Auseinandersetzung mit meinen inneren Schweinehund nicht mehr. Diese Rolle hat nun ein realer Hund übernommen, der meine Entscheidungsfreiheit einengt und somit alles sehr vereinfacht. Jeder Hundebesitzer wird über meine Ausführungen nur müde lächeln, für mich ist es eine späte und völlig neue Erfahrung. Mein Leben lang war ich umgeben von autonomen Samtpfoten und nun dies. Ein kräftiges, tapsiges Wesen in völliger Abhängigkeit und ich selbst, nie groß in Hierarchien denkend oder lebend, nun in eindeutiger Führungsrolle. Das will verarbeitet werden (in einem Blogartikel zum Beispiel).

Wo war ich? Der zweite Rundgang, richtig. Kommt es dabei zu keinen Stressbegegnungen, mit freilaufenden Rüden oder Fahrradfahrern mit Helm und Satteltaschen, habe ich eine herrliche Zeit. Ich kann meine ganze Aufmerksamkeit auf die wunderschöne Umgebung und ihre täglichen, kleinen Veränderungen lenken, dabei lasse ich alle aufkommenden Gedanken kritiklos mit laufen. Ich genieße das.

Diese Begegnungen mit anderen freilaufenden Rüden, da müssen wir noch dran arbeiten, der Hund und ich. Freilaufende Hunde sind allgegenwärtig in Thailand, erst recht in dörflicher Gegend. Hunde an der Leine Gassi zu führen mutet hier in etwa so exotisch an, wie bei uns eine Bankangestellte im Baströckchen. Schon nach zwei Wochen heißt es: "Schau mal, da ist wieder die Farang**-Lady mit den drei Hunden!" -Drei? Ja, manchmal auch vier, es hat sich so eingebürgert, dass wir auf unseren Rundgängen von einem alten, struppigen, schwarzen Streuner, einer kleinen, alten Wuscheldame namens Keep Muu (heißt: knusprig, frittierte Schweinehaut) und manchmal einer jungen, bildhübschen Beagle-Hündin begleitet werden. Das muss ein lustiger Anblick sein, kein Wunder, dass uns die meisten Menschen lächelnd entgegenkommen.

Durchgeschwitzt und abgekämpft sind wir dann irgendwann wieder vor Ort. Für den Hund ist Dösen angesagt und zwar nach Thaiart: seitlich hingeklatscht, alle Viere von sich gestreckt. Wie oft habe ich hier solche Hunde schon auf Straßen und Wegen herumliegen sehen. Jedesmal geht mein Blick auf den Brustbereich, um zu sehen ob sie noch atmen.

Nun hab ich etwas Zeit für mich und meine Arbeit: Schreiben, Fotos sortieren und Kontaktpflege. Dies ist manchmal etwas beschwerlich wegen der ungeheuerlichen Hitze, die sich ab 10 Uhr schon breit macht und alles sediert. Gegen zwölf Uhr Hunger, trotz Hitze und Trägheit. Es geht zur Nudelsuppenfrau, nicht weit entfernt, natürlich***. Eine wundervoll brennend, scharfe Nudelsuppe. Für mich nur mit Gemüse und mit den breiten Reisnudeln, bitte: Kwaiteo senyai, saipak. So hat es eine thailändische Bekannte, in Lautschrift, für mich aufgeschrieben. Danach ein eiskaltes Bier aus eisgekühlten Gläsern im Gartenpavillon, ein Eiswürfel für den Hund.

Es folgt ausgedehntes Nichtstun bei Mensch und Tier. Dösen bis mindestens drei, vier Uhr. Ungeheuerlich für meine deutsch tickende Uhr. Die ersten zwei Wochen haben wir versucht, dagegen anzugehen. Nun fügen wir uns und so ist es eindeutig besser. Inzwischen sind es locker 35 Grad im Schatten und nur im Schatten ist es überhaupt auszuhalten. Welch ein Unterschied zum Winter in Nordthailand, denn der verläuft in etwa so angenehm wie unser deutscher Sommer, nur mit Sonnengarantie.

Spätnachmittags kommt langsam wieder Bewegung ins Leben. Ich sitze auf der Terrasse unter einem großen Ventilator und schreibe, später schmieden wir Pläne für den Abend, allein, mit Nachbarn oder Freunden. Kaffee gurgelt geräuschvoll in die Kanne. Wir genießen kalte, gelbe, saftige, süße Mangos, Papayas, Ananas oder Wassermelone mit etwas Gebäck.

Ein ausgedehnter Spaziergang folgt, große und kleine Geschäfte, erneute Sprints und etwas Hundestress, eben das volle Gassi-Programm. Alles um den See herum scheint noch wie betäubt von der Hitze und kommt nur langsam in Fahrt. Die blühenden Frangipani-Bäume duften um die Wette. Ich schnuppere oben an den Blüten, der Hund am Stamm, ganz unten. Bougainvillia blüht in allen Farben, die Mangos hängen schon schwer, aber noch grün an den Bäumen. Schreiend plantschen Kinder im See herum. Sie haben jetzt große Ferien, von Mitte März bis Mitte Mai. Auf den Straßen kommt der moderate Verkehr langsam wieder ins Rollen. Alle Farben strahlen so intensiv als hätte sie jemand mit bunten Textmarkern in die Landschaft gesetzt. Die großen Ameisen werfen lange Schatten im letzten Sonnenlicht. Wie kleine Ungeheuer huschen sie über das sandige Seeufer. Die Sonne hat nicht mehr viel Zeit, bevor sie sich um halb sieben, als große, orangene Scheibe hinter den Bergen nordwestlich von Chiang Mai verabschiedet.

*deutschsprachige Zeitungen sind, global unterwegs, eine Seltenheit und wenn, dann meistens alt und teuer. Kein Problem natürlich in den besten Hotels der Weltmetropolen.

**thailändischer Ausdruck für Ausländer mit weißer Hautfarbe

***ja, ja, die Thais und ihr Essen, siehe hierzu auch meinen Artikel "Thailand, Land des Essens"

● Hin und zurück am 3. Juni

Dazwischen passen ein Tagesausflug oder auch eine Weltreise. Nehmen wir zum Beispiel die Weltreise: Wir fliegen am 3.6.2011 von Hamburg über Düsseldorf nach New York. Dann weiter nach Detroit. Dort kaufen wir uns ein gebrauchtes Auto und fahren von Ost nach West.

Es geht durch die Staaten Michigan, Wisconsin, Minnesota, South Dakota, Nebraska, Colorado, Utah, Nevada und letztendlich Kalifornien, San Francisco. Wir verkaufen unser Auto wieder und fahren mit dem Greyhound Bus nach Los Angeles. Ab durch die Luft, rüber über die Datumsgrenze und rauf auf die Fijis. Von dort über Neuseeland nach Malaysia. Wir arbeiten uns von Malaysia aus langsam nordwärts, per Bus und Bahn bis Nordthailand.

Jetzt geht es nach Sumatra, Indonesien und über Singapore und Malaysia weiter nach Südvietnam. Ab hier immer die Küste längs bis in den Norden Vietnams. Zurück nach Thailand. Ein Flug von Bangkok über Moskau führt uns dann, ein Jahr später, wieder am 3.6., nach Düsseldorf und Hamburg.

So könnte es gewesen sein und ich schwöre Euch, genau so war es. Das sind die Eckdaten unserer Rundreise!

- **Danke! Thanks! Terima kasih! ...**

... ขอบคุณ Cảm ơn bạn! Vinaka!

Danke allen, die uns unterwegs mit ihrer Offenheit, ihrem Wissen und ihren Dienstleistungen unterstützt haben! Vorab:

Ich möchte mich mit der Erwähnung der nachfolgenden Adressen und Namen ganz herzlich bedanken und gleichzeitig allen (Welt)Reisenden den ein- oder anderen brauchbaren Tipp geben. Ich wurde keinesfalls dazu aufgefordert und werde auch nicht gesponsert für die nun folgenden Lobeshymnen "around the world".

Fange ich mal an, wo alles begann, in Schleswig Holstein, dicht dran an Hamburg.

Dort haben uns die besten Freunde, Nachbarn und Eltern verabschiedet. Mit Luftballons, Wein und Tränen! Danke! Und nicht böse sein, wenn wir es, in unserer recht kurzen Zeit hier in Deutschland, nicht geschafft haben, jeden wieder persönlich zu treffen. Vielleicht klappt es nächstes Jahr!

Vielen Dank Thorsten, Du und das Team von STA Travel in der Langen Reihe, Ihr habt uns bestens an den Start gebracht und hattet immer einen offenen "Briefkasten" für uns.

Ein dickes Danke ans Internet, an wen da genau auch immer, denn dadurch war ich ja nie ganz weg, stimmt´s?

In Detroit, USA, danke ich Mel, unserem amerikanischen Freund, der uns wie Familienmitglieder in seinem Haus aufgenommen hat. Mit seiner Hilfe war es ein Leichtes über Craigslist einen gebrauchten Chrysler Sebring Convertible zu kaufen und diesen, als Tourist, im Staat Michigan zuzulassen.

Ich hoffe, dass der Sohn von Miguel aus San Francisco, der unseren Chrysler später zu einem fairen Preis bekommen hat, auch heute noch glücklich damit durch die Gegend fährt.

Danke, den hilfsbereiten Rangern des National Parks Rocky Mountains in Colorado. Als unser Auto beschloss auf unseren Zündschlüssel nicht mehr zu reagieren, haben mich sehr freundliche Ranger zum Eingang gefahren um zu telefonieren und wieder zurück zum Auto.

Durch diese Aktion lernten wir immerhin das nette Städtchen Boulder kennen. Denn der Chrysler Service brauchte, trotz bevorzugter Behandlung, einen ganzen Tag um uns unser Auto mit neuem Zündschloss wieder zu "erschließen".

Boulder in Colorado ist die Fahrradstadt und überhaupt eine sehr grüne Stadt. Wir übernachteten dort im Boulder Outlook Hotel, einem Zero Waste Hotel.

In Utah, Moab, waren wir abends, nach atemberaubenden Tagen im Arches National Park, in der Moab Brewery zu finden. Hier hatten wir jedes Mal interessante Begegnungen mit Reisenden und mit den Moabs(?). Kein Wunder, denn dies ist der einzige, akzeptable Ort mit (leckerem) Bier-Ausschank in Moab.

In den USA haben wir öfter mal japanisch gegessen, hier www.kaizen-sushi.com und hier Manpuku, 2977 College Ave, Berkeley, California, war es very yummy.

Regelrecht verehrungswürdig war ein Artischocken-Knoblauch-Brot, das wir unterwegs in Pescadero, California, in einem genialen Laden gekauft haben: www.arcangeligrocery.com

Das beste Eis gab es in Berkeley hier www.ici-icecream.com. Im Berkeley Bowl vor dem Kochen einkaufen zu gehen ist ein Erlebnis! Solch einen Lebensmittelladen hab ich noch nie zuvor und nicht danach gesehen. Schaut mal rein: www.berkeleybowl.com

Wo wir gerade in Berkeley sind, lieben Dank an Gayle und Ann! In Eurer Hausgemeinschaft haben wir uns eine ganze Zeit lang gefühlt, als wären wir zu Hause in der San Francisco Bay Area und das war ein großartiges Gefühl!

Vinake (=Danke) Roger Nadi auf Fiji! Du bist der engagierteste und freundlichste Manager, den wir in all unseren Unterkünften je kennengelernt haben: www.WailoaloaBeachresortfiji.com. Wir hatten wunderbare Abende mit Dir, dem erdigen Kava-Getränk, diversen Gitarrenklängen und vielen Menschen aus aller Welt.

Einen süßen Dank allen Arbeitern der Lautoka Zuckermühle auf Fiji. Wir durften jeden Arbeitsschritt beobachten und verkosten. Besonderen Dank an Sammy, einigen Lesern auch bekannt als Mr.Slippery aus dem Artikel "süßer Besuch - Sugar Mill, Lautoka, Fiji".
Einen wahren Nudelzauber und ganz besondere Dim Sums erlebten wir in Singapore im Lan Zhou La Mian, einem kleinen unscheinbaren Laden in der No. 19 Smith Street in Chinatown. Danke Meister Wong Seng Wai!

Oh wie schön, ich habe gerade entdeckt, es gibt ihn hier zu sehen: www.youtube.com Lan Zhou La Mian in Aktion.

Merci Grégory, für die leckersten Croissants die ich je gegessen habe und das mitten in Thailand, in Hua Hin, www.french-deli.net

In der uncharmanten Stadt Medan, Sumatra, Indonesien, erfreute uns der Charme von Ade, im Jannah Guesthouse, Jl.Tengah No.1, umso mehr. Was für ein Temperament! Ach ja und es gab saubere, günstige Zimmer, leider mit dem Ohr direkt an den Lautsprechern der großen Moschee in Medan. Aber Ades Service und Lachen versöhnen.

Lieben Dank Andrea, dass Du Deine Erfahrungen aus Deinem Leben und Arbeiten in Indonesien mit uns geteilt hast. Danke auch für die antiseptische Erste Hilfe. Die kurze Zeit unserer Nachbarschaft in Junia's Guesthouse in Bukit Lawang haben wir sehr genossen.

Danke Micky Mouse, für den guten Preis der kleinen Strandhütte am Maenam Beach, Ko Samui. Das war ein richtiger Urlaub während der Weltreise!

Bedank Robert, für Deine Erfrischungen, die leckeren Tempura-Garnelen und das Penang Curry in Deinem Tonsai Cafe, Nathon, Ko Samui.

Kop khun kah (=danke), liebe Noi, für zwei faszinierende Tage Tour Guiding im Doi Inthanon, Nationalpark, Thailand.

Kop khun kah Nice Kitchen, für immer leckeres, vegetarisches Thai Food und Frühstück. Genau hier: Moonmuang Soi. 6, 50200 Chiang Mai. Bin bald wieder da!

Dann gibt es in Thailand eine Riesenauswahl an Algensnacks. Was soll ich sagen, da habe ich mich durchgefuttert und die "Crispy Seaweed Nori" von Seleco sind für mich die Besten. Danke und Geduld, ich werde mich jetzt weiter darum bemühen einen Vertriebspartner für Euch in Deutschland zu finden.

Danke, thanks, bedank und kop khun kah für die liebe Aufnahme in Euren Freundeskreis und Eure Nachbarschaft, Ans, Els, Kees, Yupin, Tom, Ta, Chris, La, Roy, Sue, Lawrence und Mam aus Chiang Mai.

Uijui, da kommt ja was zusammen an Dankeschöns! Bestimmt ist es noch nicht vollständig, trotzdem möchte ich jetzt erst einmal aufhören.

Ich habe da noch jede Menge kulinarische Tipps und Empfehlungen für Unterkünfte, z.B. für Hatyai, Bangkok, Chiang Mai, Thailand; Melaka, Malaysia; Singapore; Hanoi und Saigon in Vietnam. Es gibt so viel Sehenswertes und viele Orte, die ich noch erwähnen müsste, ein anderes Mal.

Maracu-jaaa

Passiflori edulis, Passionsfrucht. Passion! Wie passend.

Das ist ein Geschmack, ein Geruch. Da bin ich immer ganz hin und weg. Der Gedanke daran treibt mir schon wieder das Wasser auf die Zunge. Hier auf den Märkten in Thailand kann ich sie kilo(!)weise kaufen. Das muss ein Stück vom Paradies sein!

Ok, ich komm dann mal wieder runter.

Die Maracuja hat eine Ausgewogenheit von Säure und Fruchtsüße, wie sie kaum eine andere Frucht besitzt.

Dann dieses unverwechselbares Aroma, wofür laut Chemiebuch flüchtige Ester (chemische Verbindungen, die durch Kondensation aus Fruchtsäure und Alkohol entstehen) verantwortlich sind. Ursprünglich stammt diese wunderschön blühende Rankpflanze wohl aus Brasilien und Paraguay.

Hier in Thailand gibt es sie auch bereits ausgepresst, ohne Kerne zu kaufen. Hinein damit ins vorgekühlte Glas mit zerstoßenem Eis, mehr geht kaum!

Klar, Gesundheit ist auch drin, viel Vitamin C, A und auch aus der Vitamin B Gruppe ist einiges dabei.

Die bekanntesten Wirkungen neben Geschmacksverzückung, sind allesamt eher beruhigend, schlaffördernd und blutdrucksenkend.

In der Küche nutzt man sie gern für besondere Desserts und Kuchen, ebenso sind sie ein aromatischer Bringer für fruchtige Cocktails und Mocktails.

Während ich die, ebenfalls anbetungswürdigen, Mangos hier gern als Zutat in der Küche verwende, sind mir die Maracujas bisher noch pur am liebsten. Für die pikante Küche kamen mir noch keine Ideen.

Ein recht ansprechendes und einfaches Rezept habe ich beim NDR gefunden von Rainer Sass. Er hat einen scharfen Tomatendip aus Zucker, Tomatensaft, Chili, Maracuja und Olivenöl zubereitet. Werde ich mal testen.

Immer wieder Sonntag's

Fast vergesse ich es einfach. Bemerke ihn gar nicht mehr, den Sonntag. Vorbei sind die Zeiten, an denen es morgens um sieben so sonntäglich ruhig ist: Die Nachbarn sind noch nicht zu hören. Kein Verkehr auf den Straßen. Irgendwann höre ich aus der Ferne Kirchenglocken läuten. Gegen Mittag gibt es dann etwas Verkehr in der ruhigen Straße. Autotüren schlagen zu. Besuch kommt, Begrüßung, Umarmung, Gelächter.

Der Duft vom Sonntagsbraten mischt sich mit dem Duft der ersten Pflaumenkuchen die in den Backöfen garen.

Hier in Thailand jedoch merke ich es kaum. Der Sonntag ist für viele ein Arbeitstag wie jeder andere. Auf den Märkten herrscht emsiges Treiben. Die großen und kleinen Geschäfte haben geöffnet, die Gärtner beschneiden lautstark ihr Revier.

Den freien Tag in der Woche bekommen sie hier nach Vereinbarung, nicht nach Kalender. Banken und öffentliche Ämter sind davon ausgenommen, doch fallen sie kaum ins sonntägliche Gewicht.

Aber es gibt zahlreiche Feiertage, an denen die meisten frei haben. Fallen die beweglichen Feiertage auf ein Wochenende, so werden sie direkt am Montag oder Montag und Dienstag nachgeholt. Hinzu kommen die individuellen Feiertage, wie die Mönchseinweihung des Jüngsten, Geburtstage oder Todestage.

Trotz allem, ich kann das Sonntagsgefühl nicht abstellen. Ich besitze Kalender und es gibt Freunde in Deutschland, da kann ich sonntags erst ab vier Uhr nachmittags mit Antwort via Skype oder Email rechnen. Geschäftlich geht gar nichts.

Was liegt näher, als die gute Tradition des Sonntagsausfluges aufrecht zu erhalten? Dieses Mal war es ein kleiner Rundgang durchs Dorf bis zum weißen *Chedi. Der nächste Regenschauer war noch weit entfernt. Das kann sich hier in Windeseile ändern. Es ist Regenzeit in Thailand. Vor dem Regen ist nach dem Regen. Die Luft ist warm, schwer und feucht. Wir durchquerten ein kurzes Waldstück. Aber Hallo: ich hatte das Gefühl, wenn wir stehenbleiben, dann werden wir in zehn Minuten zugewuchert von irgendwelchen Sträuchern und Schlingpflanzen. Man sieht es wachsen, unglaublich! Zudem hatte ich auch noch vergessen mich mit Moskitozeug einzureiben, kurze Hose, Flipflops, nackte Arme, muss ich mehr sagen? – Aber es war ja nur ein kleiner sonntäglicher Rundgang.

* Ein Chedi ist meistens auf dem Gelände eines Wat (Tempels) zu finden. Es bedeutet eine „Anhäufung“, Ort geistiger Sammlung, Kontemplation und es ist ein Ort der Aufbewahrung von Reliquien Buddhas.

Schon wieder Sonntag

Diesen Sonntagsausflug werde ich Euch nicht vorenthalten. Es fing ganz harmlos an, mit einer kleinen Tour über die Landstraße 1230, im Landkreis Mae On, Nordthailand. Die Sonne schien und kurvig ging es bergauf, wie´s sich gehört. Am Straßenrand und auf der Straße glotzten uns Rinder und Wasserbüffel friedvoll hinterher. Ab und zu, begegneten wir Pilzsammlern auf Fahrrädern und Motorbikes. Weiter oben dann der weise, abgeklärte Blick einer schönen Buddhafigur. Da ist ein "Viewing Point", und was für eine Aussicht!

Bis zu unserem Häuschen und weit darüber hinaus. Wie ich diese Sonntagsausflüge liebe. Sanft daher gleiten, den Fahrtwind genießen, abwechselnd staunen und träumen.

"Schau, da vorn ist ein Dorf, Ban Mae Takhrai, sind aber nur ein paar Häuser, ...halt! - Fahr noch mal zurück." - Im Vorbeifahren sahen wir ein paar riesige Gestalten gegen den Himmel ragen.

Einstimmig dann wir beide: "Was - ist - das - denn?" - Gruselige Horrorszenen aus Beton geformt und bemalt: Riesige Menschen mit verzerrten Gesichtern und Körpern, Blut, Skelette, Folterszenen, riesenlange Zungen, halb Tiere, halb Menschen, begegneten uns dort, zum Teil in Überlebensgröße. Ich bangte um meine Träume in den nächsten Nächten.

Natürlich hatten wir nach diesem Ausflug einige Fragen an unsere thailändischen Freunde.

Diese Szenerie soll bei der einfachen Landbevölkerung zur Abschreckung vor bösen Handlungen dienen. In den mit viel Aberglauben und Geisterglauben vermischtem Buddhismus hier in Thailand, trifft man immer wieder auf unglaubliche Zusammenhänge und Geschichten. Die Figuren stellen die hungrigen Geister dar. Sie sollen zeigen, wer stielt, mordet und hintergeht, dem widerfährt Schreckliches spätestens nach seinem Tode, als hungriger Geist. Wer lügt, bekommt hierzulande weder eine lange Nase, noch kurze Beine sondern eine lange Zunge. Fremdgehende Ehefrauen werden nackt auf einen Kaktusbaum gejagt. Was mit untreuen Männern passiert war mal wieder kein Thema. Hier arbeitet man noch hart an der Emanzipation der Frau.

- **Pampel Pommelo**

Jetzt im Oktober begegnet sie uns überall an den Marktständen in Nordthailand. Stell Dir vor, Du gehst spazieren und es steigt dir plötzlich ein süß-fruchtiger Zitrusduft in die Nase. Jetzt kannst du den Blick schweifen lassen, bis Du ihn entdeckst. Einen wunderschönen Baum mit dicken Bällen daran, den Pomelo Baum.

Hat man eine Frucht zu Hause, gilt es erst eine dicke Zitrusschale zu überwinden. Dann bist Du aber lange noch nicht am Ziel. Eine störrig-ledrige, weiße Haut umzieht die ganze Frucht und jedes Segment auch noch einmal. Erst wenn die einzelnen Schiffchen völlig frei liegen, erst dann geht's ans genießen. Ich weiß, warum diese Frucht hier oft schon geschält erhältlich ist. Saftig geht es erst im Mund zu, wenn man mit den Zähnen die einzelnen, kleinen Fruchtzellen zerplatzen lässt. Das ist dann der beste Moment, der Pomelo Moment, ein witziges Gefühl im Mund.

Ganz klar, es ist eine Pampelmusenart, genauer, eine Kreuzung aus Grapefruit und Pampelmuse. Der Geschmack ist unaufdringlich und hat von allem etwas, ist bitter und süß, säuerlich und erfrischend.

In der pikanten Küche könnte ich sie mir am besten in einem Chutney vorstellen. Leckere Vorstellung auch, thailändisch inspiriert, eine Kombi mit Garnelen oder Hühnchen, Chili, Lemon und Korianderkraut, auf zarten *Kohlblättern angerichtet.

*Der thailändische Weißkohl ist extrem lecker, ganz zart, leicht süß. Viel zu schade um ihn zu garen, daher wird er hier auch meistens roh verspeist.

- **Loi Krathong, Lichtfest in Chiang Mai**

Zunächst etwas Basiswissen über das thailändische Loi Krathong Fest, auch Loy Krathong, ลอยกระทง, das Lichterfest. Es wird jedes Jahr bei Vollmond im 12. Monat des thailändischen Lunisolarkalenders, das ist bei uns der November, gefeiert. Natürlich wird nicht nur am Vollmondtag selbst gefeiert, sondern mindestens einen Tag vorher und einen danach. Bei wichtigen Festtagen in Thailand sind drei Tage als Feiertage schon notwendig.

Seinen Ursprung hat dieses Fest im Hinduismus. „Loi“ heißt schwimmen und „Krathong“ ist eine Art kleines Floß. Diese, meistens selbstgebastelten und liebevoll geschmückten, Flöße werden mit Kerzen und Räucherstäbchen auf einen Fluss gesetzt. Aller Groll und Ärger wird damit losgelassen. Wie schön!

Alles was man für solch ein Schiffchen benötigt, liefert die Bananenpflanze. Die Scheibe aus dem Stamm ist superleicht und schwimmt perfekt. Aus den schönen Bananenblättern werden kleine Blattabschnitte zurechtgeschnitten, gefaltet und festgesteckt. Abschließend wird das Ganze noch mit Blüten geschmückt.

Viele Lichter, Fackeln, kleine Heißluftballons (Khom Loi) und Feuerwerk begleiten dieses Festival. Kaum ein Haus, dass nicht mit Laternen und Fackeln beleuchtet ist an diesem Abend. In den Dörfern werden die Fackeln, ebenso wie die Krathongs, selbst hergestellt. Für die Fackeln werden die kleinen Aufputschgetränke-Fläschchen (sie sind hier allgegenwärtig) mit Petroleum gefüllt und an Holstäben längs der Straße festgebunden. Ein Filz wird hineingehängt und entzündet. So säumen viele Lichter die Dorfstraßen.
In Chiang Mai und Ayutthaya wird Loy Krathong besonders aufwändig gefeiert. Es gibt festlich geschmückte Umzüge am Abend, mit Tänzern, Trommlern, Phantasiegestalten und nachgebildeten Göttergestalten. Nicht nötig zu erwähnen, dass an diesen Tagen wieder ausgiebigst gegessen und getrunken wird.

Kein Straßenmeter ohne Nahrungsangebot:

köstliche Suppen, hunderte verschiedene Grillspieße, frittierte Fish-Cakes, Eier, Garnelen und Kartoffelspieße, frisch gebratenes Pad Thai (bekanntes Bratnudelgericht in Nordthailand) und Reisgerichte. Ach und noch so vieles mehr. Hier verhungert man höchstens, weil man sich nicht entscheiden kann, was man nehmen soll.

Schon Tage zuvor scheint die Bevölkerung aufgeräumter zu sein als sonst. Viele Häuser werden mit bunten Papierlaternen geschmückt. Wer, wann, was zu essen macht oder wo man isst, wird im Vorwege sorgfältig diskutiert und geplant, denn es ist auf jeden Fall auch ein Familienfest. In den Tagen davor wird zunehmend mehr und lauter geknallt. Böller und Kanonenschläge, die in Deutschland unter das Waffenschutzgesetz fallen würden, lassen hier noch nicht einmal die Öhrchen unserer halbwüchsigen Kater zucken. Die Gewöhnung daran, liegt wohl mit in den asiatischen Genen.

Gestern waren wir in Chiang Mai und haben hunderte, nein tausende von den kleinen Balloons langsam aufsteigen sehen. Wir sind durch ein Lichter- und Menschenmeer gefahren und gelaufen. Es war ein faszinierender Abend! Wir standen am Ufer des Ping Rivers und schauten abwechselnd auf die Lichterschiffchen, die mit all dem Groll davon schwammen und auf das Feuerwerk und die Laternen, die den Himmel hoffnungsvoll hell erleuchteten. Was für ein schöner Anblick! Nach einer Weile sahen wir uns an und dachten dasselbe: ja, es wird langsam Zeit mal wieder was zu essen.

- **Jedes Gericht ein Gedicht!**

Nachfolgend eine kleine Ansammlung von selbst hergestellten, typisch thailändischen Spezialitäten.

Khao Soi

Fast überall im Norden Thailands (auch in Burma und Laos) kann man sie auf der Straße an bestimmten Nudelsuppen-Ständen bekommen. Man nennt sie hier auch Chiang Mai Suppe. Gute Stände findet man, indem man darauf achtet, dass dort zur Lunch-Zeit emsiges Treiben herrscht oder eben auf Empfehlung. Nicht neu der Tipp, aber immer noch zielführend.

Khao Soi (ข้าวซอย), heißt "geschnittener Reis" und hat eigentlich nicht viel mit dem zu tun, was man in der Suppenschale vorfindet. Das ist eindeutig meine Lieblingssuppe. Ein scharfes Kokos-Curry-Süppchen, mit frischen, meist Weizeneiernudeln, einem Hähnchen-Schenkel und frittierten Nudeln oben drauf. Serviert mit Korianderkraut, roten Zwiebeln, Limone, sauer eingelegtem Pok Choy und einer Chili-Öl-Paste.

Da es wirklich nicht einfach ist, all diese Zutaten in Deutschland zu bekommen, möchte ich es hier bei diesen Anregungen belassen. Mit etwas Phantasie könnt ihr bestimmt eine ähnlich, köstliche Suppe zaubern. Auf Nachfrage gebe ich euch gern mehr Details.

Tom Kha Gai, Tom Yam Gai

Damit ich das jetzt auch für mich einmal klar kriege: Eine Tom Yam, das ist eine sauer-scharfe Suppe mit viel Zeug drin, das man nicht mitessen kann und mit einem unglaublichem Aroma. Eigentlich ist es *die* thailändische Suppe überhaupt. Es gibt sie mit Krabben (Tom Yam Kung), das ist mein Liebling, mit Fisch (Tom Yam Phla) und mit Hähnchen (Tom Yam Gai), auch beides lecker.

Mit einem Schuss Kokosmilch wird es zu einer Tom Yam Nam Kho. Die ist natürlich nicht zu verwechseln mit der typisch Nordthailändischen Khao Soi, die wir letztens hier hatten.

Heute ging es weiter mit unserer Yoga-Tai Chi-Cooking Class. Das ist übrigens eine Mischung die ich nur empfehlen kann. Man nehme ein paar FreundeInnen, mache zunächst einige Yoga-Aufwärmübungen, dann einige Übungen aus dem Chi Gong, um danach, Schritt für Schritt die 24er Peking Form (Yang Style) zu erlernen. Dermaßen entspannt und energetisch aufgeladen geht es, nach einer kleinen Früchte-, Quatsch- und Wasserpause ans Kochen. Später ans Essen. Besser geht kaum.

Yupin hat sich für uns heute eine Mischung aus Tom Yam Gai und Tom Kha Gai ausgedacht. Eine Tom Kha Gai ist eine Hühner-Galgantsuppe aus Kokosmilch. Eine Tom Yam Gai ist eine sauer-scharfe Hühnersuppe. Sie hat das Kha, das ist der Galgant, der sogenannte Thailändische Ingwer, mit zur Tom Yam Gai genommen und die Kokosmilch außen vor gelassen. Lange Rede, viel Gerede, schaut selbst, was alles drin war. Leider könnt ihr es mangels Geschmacksinternet nicht mit allen Sinnen miterleben.

Zutaten: Sojasoße, Fischsoße, Limonen, Hühnerknochen, Hühnerfleisch, Tomaten, Galgantwurzel (thailändischer Ingwer), Zitronengras, kleine, rote Zwiebeln, Korianderkraut, Pak Chi Farang (langer Koriander), Chili frisch und trocken

Po pia tod - ปอเปี๊ยะทอด - fried springrolls - frittierte Frühlingsrollen

Klar, es ist kein Hexenwerk und es gibt wohl kaum eine thailändische Familie in der nicht mindestens Einer perfekte, wohlschmeckende Frühlingsrollen zubereiten kann. Für zwischendurch ein geniales Fingerfood.

Bei Khun Ta haben wir letztes Jahr das erste Mal Frühlingsrollen gegessen und gemerkt, dass da noch weitaus mehr geht als die Feststellung: Schmeckt zum Glück nicht nach altem Fett.

Das Wichtigste, ganz klar, die Füllung: egal ob man es vegetarisch, mit Garnelen oder Schweinehack mag, kann man eine optimale Mischung wie folgt zusammenrühren:

Fein geraspelter Kohl, in Deutschland den Spitzkohl nehmen, der ist in etwa so zart wie der thailändische Weißkohl. Weiter hinein, feingeschnittene Mäuse-Ohr-Pilze (mice ear mushrooms), Korianderkraut, Frühlingszwiebeln, ein Ei, und zuvor in kaltem Wasser eingeweichte Glasnudeln. Wer mag, gibt dann das Fleisch dazu oder noch ein paar Möhrenraspeln. Als Gewürz hat Ta eine selbst gemachte Paste aus Korianderwurzeln, schwarzem Pfeffer, grünem Chili, Knoblauch und etwas Öl verwendet. Zum Salzen wird hier oft sogenanntes „Hühnerpulver“ (mit und ohne MSG) verwendet, was nichts weiter ist als Brühe. Wer das nicht mag, nimmt Salz oder Sojasoße. Das alles mit den Händen gründlich durchkneten, damit der Kohl schön geschmeidig wird. Die Masse darf nicht zu feucht sein.

Dann die Teigblätter (gibt es gefroren zu kaufen) mit einer Ecke zum Körper, mit etwas Masse füllen und beim Aufrollen an den Seiten einklappen, mit Wasser wird zugeklebt. Jetzt nur noch kurz in heißem Öl ausbacken.

Diese goldgelb gebackenen, köstlichen, saftigen Röllchen werden hier gern in eine süß-scharfe Soße eingetaucht, die man mühelos, und weitaus schmackhafter als die gekauften Fertigkollegen, selbst zubereiten kann. Das ist ganz einfach: Erhitze Essig, Zucker, Salz und Wasser. Reduzieren. Gegen Ende dann zerhäckselte, rote Chilis und Knoblauch mit hineingeben damit noch etwas ziehen lassen. Schon ist der perfekte Begleiter der Sapalinglolls (thai-englisch) fertig!

Khanhom Jeen

Khanhom Jeen, auf Thai, ขนมจีน, das sind zunächst einmal “nur” Reisnudeln, die man hier überall frisch auf dem Markt kaufen kann. Zu diesen Nudeln werden unterschiedliche Suppenfonds gereicht. Fast immer lecker und allgegenwärtig. Dieses Gericht findet man, außer in den Garküchen an der Straße, oftmals dort, wo große Menschenansammlungen sind. Das ist in Thailand ja nicht selten der Fall, denn jedes Geburts- und Todesjahr in der Familie steht schon mal unter vollster Aufmerksamkeit aller Nachbarn und Familienmitgliedern. So kommt es nicht selten vor, dass mal locker 200 und mehr Personen zu verköstigen sind.

Denn Eines muss man hier wissen, eine Feier ohne Kerzen, ohne Schampus und ohne Hauptperson, das mag noch angehen, aber ohne Essen, das ist jenseits der thailändischen Vorstellungskraft. So trifft man dann oft zu diesen Gelegenheiten auf die Khanhom Jeen mit ein- oder auch mehreren Suppenvarianten. Yupins Variante könnt ihr hier nachlesen:

Zutaten

getrocknete Chilis, Knoblauch, roten Zwiebeln, Garnelen Paste, Zitronengras, Salz, Kurkuma, Korianderwurzel, Tomaten, Champignons, Schweinefleisch Scheibe, Schweinefleisch Knochen, Rettich, Fischsauce, Austernsauce, Sojasauce.

Zur Tat

Zuerst die Schweineknochen mit dem Radi und den Korianderwurzeln kochen.

Die Chilis, den Knoblauch, die roten Zwiebeln, die Garnelen Paste, Zitronengras und Salz zusammen mischen.

Zerkleinerten, jungen Knoblauch mit Schale in etwas Öl goldgelb frittieren und in ein Schälchen zur Seite stellen.

Den Chilimix 5 Minuten bei mittlerem Feuer vorsichtig braten, das Schweinefleisch feingeschnitten dazugeben. Ein wenig Wasser (aus dem Topf) hinzugeben. Wenn alles gut riecht, diese Mischung zu dem Suppenfond mit dem Knochen geben. Zum Schluss kommen die Pilze und Tomaten hinzu. Es wird mit Austern-, Fisch- und Sojasauce abgeschmeckt.

Hierzu schmecken, der frittierte Knoblauch, Koriander, Zitrone und alle Arten von Gemüse, gerade so, wie es gefällt. Zusammen mit Freunden genießen!

Rad Nah

Je länger ich in Thailand bin und je mehr traditionelle Gerichte ich kennenlerne, desto interessanter wird die thailändische Küche für mich.

Mir ist letztens bei der Khao Soi Suppe (ich berichtete) schon aufgefallen, dass man hier nicht nur um eine Balance von sauer, salzig, bitter und süß bemüht ist, sondern dass auch ein anspruchsvolles Gefühl der Speisen im Mund eine große Rolle spielt. Sozusagen die orale Haptik. Gibt's das? Egal.

Hier wird zum Beispiel viel, mit Knochen und Gräten zerhacktes, Fleisch oder eben Fisch gegessen. Immer ein Graus für uns Westköstler, die wir sofort das Spucken und Sortieren anfangen. Die Thailänder essen alles ungerührt, vom Fischkopf bis zum Schwanz. Darauf, und auf zerhackte Hühnerknochen wird lustvoll herum gegnurpselt, bis auf einen Rest, der wirklich nicht mehr zu genießen ist. Diese Teile werden geschickt mit der Zunge aussortiert und hinaus befördert.

Genau so die Chilischärfe. Viele werfen sich wirklich löffelweise Chili in die Suppe, beim Essen kommen ihnen die Tränen und der Mund brennt: Hurra, ich lebe! Wenn das keine Abenteuer in der Mundhöhle sind.

Bewusst geworden ist mir das jedoch erst letzte Woche, als Yupin, wieder nach der Yoga-TaiChi-Stunde, für uns gekocht hat: Rad Nah.

Ich erzählte ihr, dass ich es schon mal, eher zufällig, gegessen hatte. Da war ich so gar nicht begeistert von den sojasoßen-geschwängerten, breiten Reisnudeln und einer gallertartigen Gemüse-Fleisch–Masse oben drauf.

Jetzt aber zu Yupins Rad Nah: Das ist so ein echter Zungenstreichler, müsst ihr Euch vorstellen. Nein, man muss die Nudeln nicht mit Sojasoße überschütten, man massiert lediglich einige Spritzer davon in die Nudelmasse und brät sie mit etwas dunkler, süßer Sojasoße gut an. Dann schon mal ab ins Schälchen damit.

Für die Soße wird zartes, kleingeschnittenes Schweinefleisch und Knoblauch angebraten. Dann kommt Wasser hinzu. Weiter, Stücke von frischem, chinesischem Brokkoli, normalen Brokkoli oder Blumenkohl darin garen und mit Sojasoße, Austernsoße und etwas Zucker abschmecken. Dann mit Stärkemehl in etwas Wasser aufgelöst einmal aufkochen und kontrollieren, ob die gewünschte Konsistenz erreicht ist. Es muss also nicht der Löffel drin stecken bleiben. In dieser Phase kann man auch kleine Bällchen, namens Luc Chin, dazugeben. Sie sind hier in Thailand allgegenwärtig. Es gibt sie in Suppen eingetaucht oder auf Holzspieße aufgereiht. Schwein- und Fischgeschmack sind die gängigsten Sorten. Natürlich kann man Rad Nah auch mit anderen Fleischsorten oder ohne Fleisch zubereiten.

Diese „Suppen-Soße" wird dann reichlich über die Nudeln gegeben und bei Tisch noch einmal gründlich mit Chili, Fischsoße, Essig und Zucker nach eigenem Gusto abgeschmeckt.

Das ist dann schon ein schönes Gefühl im Mund. Kann ich nur schwer beschreiben, einfach mal ausprobieren. Von den Zutaten her, müsste das auch in Deutschland funktionieren.

Hed poh und chiang da

Im Grunde gab es grünes Rankzeug, zarte Blüten und schwarze, müffelnde Kügelchen. Doch der Reihe nach:
Gestern war es sehr interessant in unserer kleinen Kochrunde. Gleich drei Zutaten wurden verarbeitet, die ich zuvor noch nie gegessen oder zubereitet habe. Da sind zunächst kleine, schwarze, mattglänzende Kügelchen, die etwas gestrenge nach Pilz müffeln. Man nennt sie hier hed poh, frei übersetzt, Bergbällchen-Pilze. Dann, das hier allgegenwärtige Rankzeug, chiang da. Es ist saftig grün, die Blätter werden, samt der weicheren Stile, meistens nur kurz mit Austernsauce, Fischsauce und Ei im Wok gerührt. Das schmeckt lecker, leicht bitter. Die dritte Unbekannte, das waren Tamarindenbaum Blüten, dok makham. Wunderschön sehen die gelb-rosa, zarten Blütenkelche und Knospen aus. Sie verleihen dem Gericht eine säuerliche Note. Was wir, unter Yupins Regie dann gekocht haben, nennt sich:

Pad pahk chiang da, sai krai, geng hed poh, sai dok makham.

In Deutschland wird es diese drei Zutaten, selbst in gut sortierten Asia-Läden, wohl eher nicht geben. Deshalb hier mein abgewandelter Rezept Tipp:

Ein bis zwei Eier verquirlen. In einem Mörser eine halbe Schalotte, eine Knoblauchzehe, 2 -4 grüne, kleine Chilischoten und Krabbenpaste grob mörsern. In einem Wok mit Öl, zunächst 1-2 junge, leicht angequetschte Knoblauchzehen mit Schale frittieren, den Mörserinhalt dazu rühren und kurz darauf drei bis vier Hände voll jungen Frühlingsspinat (ganz mit Blatt und Stielansatz) verrühren und zusammen mit etwas Austernsauce und Fischsoße einfallen lassen. Als nächstes die Blätter im Wok ein wenig zur Seite schieben und die Eiermasse in der anderen Hälfte unter leichtem Wenden stocken lassen. Erst wenn die Eimasse ein wenig fest ist, mit den Spinatblättern gründlich vermischen. Fertig. Zur Seite stellen.

Im Mörser wird wieder eifrig gestößelt. Dieses Mal, 1 -2 getrocknete rote Chilis, 1 frische rote Chili, Krabbenpaste, Knoblauch und eine halbe Schalotte. Diese Masse in etwas köchelndem Wasser hineingeben. Dazu dann die Pilze. Hier könnte ich mir gut Shitake Pilze vorstellen, auch Morcheln oder eine andere Sorte. Die Pilze sollten aber einen kräftigen Eigengeschmack haben. Diese werden ins sanft blubbernde, gewürzte Wasser gelassen. Austernsauce und Fischsauce dazugeben und garkochen. Die saure Note der Blüten kann man mit Limetten ersetzen oder noch besser, mit etwas Tamarindenpaste. Dieses Pilz-Curry und den Bratspinat zusammen mit Reis servieren und genießen.

- **Happy new chinese year!**

Ein frohes, neues (chinesisches) Jahr! Das Drachenjahr wird zum Schlangenjahr. Weisheit und Schönheit verkörpert die Schlange in Asien, kann aber auch gelegentlich für gute bis böse Überraschungen sorgen. Also fast wie jedes Jahr: alles ist möglich, wie schön.

Das chinesische, neue Jahr wird immer am ersten Neumond, nachdem die Sonne in das Sternbild des Wassermanns eintritt, gefeiert. Dieses Jahr ist das vom 9. auf den 10. Februar der Fall gewesen.

Hier im chinesischen Viertel in Chiang Mai, Thailand, sieht man vor allen Dingen Rot! Es wird viel gegessen, was nicht weiter verwundert, denn Essen ist und bleibt nun mal ein vorrangiges Thema hier. Dim Sums dürfen genau so wenig fehlen, wie die chinesischen Glückskuchen. Das ist eine schwerwiegende, runde Köstlichkeit mit unterschiedlichsten Füllungen im Blätterteigmantel. Die Sorten, die ich bisher probiert habe, waren erstaunlich lecker und nie zu süß. (Dies ist ein Urteil von jemandem, der nicht gerade auf Süßes Zeugs steht.)

Klar, außer Essen ist da noch jede Menge Knallerei, von wegen Geister vertreiben und so.

Ähnlich, wie man es an diesem Wochenende ja auch in Deutschland mit diversen Masken und kollektiven Verhaltensauffälligkeiten versucht.

Dies ist nun das zweite Mal in kurzem Zeitraum, dass wir ein neues Jahr begrüßen und ich weiß, es wird noch nicht der letzte Jahreswechsel sein. Im April wartet das thailändische Jahr 2556, mit Sonkran, auf uns.

- **Orange: lecker, hinreißend, gute Laune**

สีส้ม - Ja, so sieht das aus zurzeit. Ich sehe nicht rot, ich sehe orange! Ich liebe diese Farbe! Meine Fußnägel glänzen bereits in schönstem Orange und eine orangene Sonnenbrille habe ich auf dem letzten Night Bazar in Chiang Mai erstanden. Weitere Accessoires folgten. Aber ich will Euch nicht so sehr mit intimen Details langweilen.

Rein kulinarisch gesehen ist Orange ja auch wirklich der Bringer! Schaut Euch nur eine reife Papaya an. Sich an leicht gekühlter Papaya sattessen, das ist fantastisch! Es gibt Papayas die sind mindestens so groß wie ein Baseball.

Meine absolute Lieblingssuppe hier in Nordthailand, die Khao Soi, erstrahlt ebenso in Orange. Ich habe sie Euch bereits vorgestellt. Wenn sie gut gemacht ist, dann hat diese Suppe einfach alles und das in perfekter Harmonie: Haptisch, im Mund ein Erlebnis von crispy, flüssig, weich und etwas fester. Geschmacklich auch ein Bringer: salzig, süß, scharf und sauer. Das ist für mich einfach perfekt.

Schon in Deutschland konnte ich mich nicht sattsehen, bzw. –essen an Orange. Zum Beispiel eine Möhren-Kokos-Orangen-Suppe mit einem Hauch von Ingwer und Safran. Oder eine Hokkaido-Orangen-Ingwer-Suppe! Hach, orange ist einfach umwerfend! Orange ist die Sonne, die morgens als große Scheibe über die Bergkuppen Nordthailands aufsteigt, Orange, wie die Kutten der Mönche, die vormittags durch die Gassen huschen und ihre Gaben einsammeln. - Aber nun genug geschwärmt, findet Euer eigenes Orange! – Viel Spaß dabei!

- **Es ist Mangozeit!**

Klar, hier in Thailand wächst immer irgendwas, aber nicht alles immer. Das heißt, es gibt auch hier saisonale Früchte. Jetzt im Juni hat die Mango ihre Hoch-Zeit. Sie ist allgegenwärtig und es gibt hier ein Kilo für 15 THB, das sind umgerechnet ungefähr 40 Cent! Unnötig zu erwähnen, dass sie aromatisch und saftig sind. Auch gibt es diese lästigen Fasern nicht, die ich manchmal von den dicken Mangos, die man in Deutschland hauptsächlich bekommt, kenne.

Sie lässt sich wunderbar von ihren hauchdünnen Kern schneiden.

Mit Mangos kann man jede Menge anstellen. Es gibt auch hier unterschiedliche Sorten, dicke und schlanke, gelbe, hell- und dunkelgrüne. Jede Frucht hat ihr eigenes Aroma. Auch die unreifen Mangos finden Verwendung und schmecken richtig lecker. Zum Beispiel als süß-scharf-saurer Mangosalat, Tam mamuang ตำมะม่วง. Er wird ähnlich zubereitet, wie der Papayasalat, Som tam ส้มตำ, der ebenfalls aus der unreifen Frucht, u.a. mit Chili, Erdnüssen und getrockneten Garnelen, hergestellt wird. Ein beliebter Snack sind vom Kern geschnittene Streifen von der unreifen Frucht. Sie werden vor dem Genuss in eine Pulvermischung aus Chili, Zucker und Salz gestippt.

Die reifen Mangos haben natürlich noch einiges mehr zu bieten. Mit Eiswürfeln in einem Mixer geschreddert ergibt das ein Zwischending von Smoothie und Sorbet, zum niederknien! Gern werden Mangowürfel zu Klebreis, der in Kokosmilch gegart wurde, gereicht. Das nennt sich Khao niao mamuang ข้าวเหนียวมะม่วง und ist ein Traum-Nachtisch. Überreife und sehr süße Früchte werden zurzeit gern püriert und als runde, dünne Fladen zum trocknen in die Sonne gelegt. Das ergibt ein süßes Mango-Naschwerk für Zwischendurch, ist für mich eindeutig zu süß.

Natürlich machen sich Mangowürfel auch sehr gut in Curries und Salaten. Sie sind ein süßer, harmonischer Geschmacksausgleich zu scharfen, pikanten Gerichten.

- **Rezept für eine bunte Woche**

Hier in Thailand ist die Woche kunterbunt und das aus gutem Grund:

Man nehme ein bisschen Aberglauben, eine Prise Hinduismus, Buddhismus, abgerundet mit Astrologie, wichtigen Gedenktagen und da ist sie, die farbenfrohe, thailändische Woche! Jeder Tag hat hier in Thailand seine eigene Farbe, jede Farbe hat ihre Geschichte.

Die Zuordnungen der einzelnen Farben stammen aus dem Hinduismus, jeder Gottheit ist ein Planet zugeteilt und jedem Planeten eine Farbe. Es soll Glück bringen, sich an den verschiedenen Wochentagen in der jeweiligen Farbe zu kleiden. Dieser Brauch schwindet zunehmend aus dem Straßenbild Thailands. Aber noch immer wird die Farbe des Geburtstages besonders geehrt. Prominentes Beispiel ist die Farbe Gelb, die Königsfarbe. Seine Majestät König Bhumibol Adulyadej wurde an einem Montag geboren. An seinem Geburtstag, am 5. Dezember und zu royalen Anlässen sieht man hier Gelb.

Die Sache mit den Farben ist nicht nur interessant, das macht auch Spaß, mit diesem Wissen im thailändischen Alltag wieder einiges neu zu entdecken. Habt Ihr Lust, mir durch die Farben der Woche zu folgen? Auf geht´s:

Montag - วันจันทร์ - (sprich: wan tchan) - gelb - สีเหลือง (si lüang)

Der Montag ist dem "Planeten" Mond zugeordnet. Die Gottheit Phra Chan lenkt den Streitwagen und das ist der Mond. Hinten im gelben Streitwagen fährt ein Hase mit. Das Element ist die Erde. Der Montagsbuddha ist Paang Ham Yat, ein friedensstiftender Buddha, der Übel und Krankheit abwehrt. Er wird als stehende Figur dargestellt, seine Handflächen zeigen zum Betrachter.

Dienstag - วันอังคาร - (wan ankahn) - pink - สีชมพู (si chong fuh)

Phra Angkarn heißt der starke Gott, der auf einem Büffel reitet. Dieser kriegserfahrene Gott, mit rosa Haut, wird dem Planeten Mars zugeordnet und der Farbe Rosa. Paang Sai-Yat, die liegende Buddhafigur gehört zum Dienstag.

Mittwoch - วันพุธ - (wan phut) - grün - สีเขียว (si kiau)

Phra Phut ist die Gottheit der Händler, er reitet auf einem Elefanten, seine Haut ist grün, sein Element das Wasser. Der Planet ist Merkur. Mittwochs gibt es zwei Grüntöne und auch zwei Buddhafiguren. Tagsüber grün, Paang Um Baat, ein stehender Buddha mit Almosenschale. Abends, hellgrün, Paang Pa Le Lai, ein im Wald sitzender Buddha mit Elefant und Affe.

Donnerstag - วันพฤหัสบดี - (wan pharühad sabadee) - orange - สีส้ม (si shum)

Die Gottheit Phra Paruhat reitet auf einem goldenen Hirsch, er gilt als die "personifizierte" Frömmigkeit. Der Planet ist der Jupiter. Sein Element die Erde. Die Buddhafigur Paang Samadhi finden wir sitzend in Meditationshaltung.

Freitag - วันศุกร์ - (wan suk) - hellblau - สีฟ้าอ่อน (si fah ohn)

Phra Suk ist die Gottheit der Liebe und des Friedens. Sein Element ist das Wasser, der Planet ist die Venus und er reitet auf einem Bullen. Paang Ramphueng, das ist eine stehende Buddhafigur, nachdenklich und in Ruhe, die Hände über der Brust gekreuzt.

Samstag - วันเสาร์ - (wan sau) - violett - สีม่วง (si muang)

Phra Sao, der Gott des Ackerbaus und des Missgeschicks, kurz der Zivilisation(!). Er reitet auf einem Tiger, das Element ist Feuer und Saturn der Planet. Paang Naga-Prok ist ein sitzender Buddha, er wird von der siebenköpfigen Schlange Naga vor Regen beschützt.

Sonntag - วันอาทิตย์ - (wan atid) - rot - สีแดง (si deng)

Der Streitwagen von Phra Athit wird von Löwen gezogen. Arun (aufgehende Sonne) so heißt sein Wagenlenker. Das Element ist Feuer und der "Planet" die Sonne. Paang Thawai Net, das ist eine stehende Buddhafigur, ein Buddha der Achtsamkeit. Seine Hände berühren sich in Höhe der Oberschenkel.

Gebt´s zu, Ihr habt schon überlegt, an welchem Wochentag ihr geboren seid, stimmts? Viel Spaß beim nachlesen! Übrigens, ich habe heute ein grünes T-Shirt an, weil Mittwoch ist und die Farbe meines Geburtstages ist Pink.

- **Jackfrucht, süße Stachelmonster aus der Urzeit**

Wenn Du sie zum ersten Mal siehst, wie sie, seltsamen Geschwüren gleich, direkt aus dem Stamm stattlich schöner Bäume wachsen, dann stehst Du da und staunst. Das sieht völlig anders aus als alles, was man bisher an Baumfrüchten gesehen hat. Das ist mal gerade so, als würden unsere dicken Kürbisse an Baustämmen wachsen anstatt auf dem Boden herumzukriechen. In der Tat zählen die Jackfrüchte zusammen mit den Kürbissen zu den größten Früchten. Bis zu 50 kg schwer kann eine Jackfrucht werden. Aber damit nicht genug gestaunt, der Jackfruchtbaum zählt auch zu den ältesten Obstbäumen der Welt. Man vermutet, dass es diesen Baum schon zu Zeiten der Dinosaurier gab, also vor über 100 Millionen Jahren. Noch zwei Infos, bevor ich von meinen Erfahrungen berichte: Der Jackfruchtbaum gehört zu den Maulbeergewächsen und der Name stammt nicht von Jack dem Entdecker, sondern kommt von „chakka“, das ist malayisch und heißt „rund“.

Nun, ich hab dann letzte Woche solch eine Frucht als „Mitbringsel“ bekommen. Spannend. Natürlich erst einmal ab ins „Neuland“ um zu schauen, wie man damit umgeht. Auf den Märkten gibt es sie meistens verzehrfertig zu kaufen. Aus Gründen! Ich erfuhr, dass sie einen klebrigen, weißen Saft absondern, der nur mit Lösungsmittel oder Öl zu entfernen ist.

Dermaßen vorgewarnt haben wir das Ding auf Zeitungspapier gewuchtet und es ging los. Wusch, einmal längs durch die Mitte. Überall quoll nun dieser Klebesaft hervor und die weiteren Arbeiten verrichtete ich mit Handschuhen, so gut es ging. Eine Matscherei und Kleberei! Meine Hochachtung vor den Jackfruchtverkäufern wuchs mit jedem kleinen, gelben Säckchen, dass ich dieser klebrigen Hölle ertrotzt habe. In jedem Säckchen befindet sich ein wunderschöner, bohnenförmiger Kern, der im Geschmack ein wenig an Esskastanien erinnert.

Die Feinarbeit ging dann nicht mehr mit Handschuhen und so waren meine Finger in kurzer Zeit verklebt wie nix. Kennt Ihr den Film „Schöne Bescherung“ von den Griswolds, die Szene wo Chevy Chase am Abend neben seiner Frau im Bett liegt und versucht eine Zeitung zu lesen? Nein? Ok, egal. Ich hatte das Gefühl, wenn ich jetzt einen unserer Katerchen streichle, hat er Glatze an der Stelle. Das ist ja vielleicht eine Sauerei!

Aber, dabei ist mir ein bedeutungsschwerer Gedanke gekommen und ich glaube die Frühgeschichte muss umgeschrieben werden. Die Dinosaurier sind nicht ausgestorben, weil sich das Klima geändert hat oder ein Riesenmeteorit auf die Erde fiel. Die Dinos sind nach und nach elendig verhungert.

Sie kosteten je einmal die süßlich, duftende Jackfrucht (natürlich ohne Aufschneiden, Handschuhe etc.) und ihr ganzes Maul war verklebt, einfach zugeklebt. So war das. Dass da noch keiner drauf gekommen ist, wundert mich.

Tja und wie schmeckt nun Jackfrucht? Lecker. Pur geht es ein wenig in Vanillerichtung, das Fleisch dieser gelben Säckchen ist fest und nicht saftig. Getrocknet werden sie hier als Jackfrucht Chips verkauft, köstlich! Ebenso wie das Jackfruchtcurry. Beides habe ich das erste Mal in Indonesien probiert. Nur eines muss ich halt nicht mehr haben: eine ganze Jackfrucht.

Printed by Books on Demand GmbH, Norderstedt / Germany